我们一起解决问题

破局盈利

企业如何在逆境中增长

王导　周育薪　著

人民邮电出版社
北　京

图书在版编目（CIP）数据

破局盈利 ：企业如何在逆境中增长 / 王导，周育薪著. -- 北京 ：人民邮电出版社，2023.4
ISBN 978-7-115-61481-0

Ⅰ. ①破… Ⅱ. ①王… ②周… Ⅲ. ①中小企业—企业发展—研究—中国 Ⅳ. ①F279.243

中国国家版本馆CIP数据核字(2023)第055549号

内容提要

自2010年以来，我国经济增长速度减缓，企业结束了快速增长的黄金时代。以前之所以发展得一帆风顺，主要是因为经济大环境好。此后，形势发生变化，企业应该如何应对呢？

本书认为企业必须转变观念，从战略高度重新评估未来的发展形势，对增长战略进行优化和调整。具体而言，本书构建了一套适应企业在逆境中实现增长的方法，即破局盈利五步法：第一，构建增长战略；第二，高效执行；第三，组织增长；第四，挖掘人才；第五，赋能领导力。本书主张结构增长大于经营增长，企业应先优化结构，产生整体性的升维增长，进而实现指数型的突破。总之，本书内容均为作者在给企业辅导过程中形成的经验总结，书中列举了大量案例，目的是帮助企业找到适合自身的增长方法。

本书适合企业管理者、战略研究人员、人力资源从业者阅读，也可以作为高等院校相关专业师生的参考用书。

◆ 著 王 导 周育薪
责任编辑 张国才
责任印制 彭志环
◆人民邮电出版社出版发行 北京市丰台区成寿寺路11号
邮编 100164 电子邮件 315@ptpress.com.cn
网址 https://www.ptpress.com.cn
北京天宇星印刷厂印刷
◆开本：700×1000 1/16
印张：14.75 2023年4月第1版
字数：200千字 2023年4月北京第1次印刷

定 价：69.80元
读者服务热线：（010）81055656 印装质量热线：（010）81055316
反盗版热线：（010）81055315
广告经营许可证：京东市监广登字20170147号

推荐序

做企业的人都希望自己的企业增长，做大做强。但如何实现增长，既做大又做强？这并不是一件容易的事！不仅要想得清，还要做得到。事实上，许多企业就是在追求增长的过程中走向了衰退，甚至破产。有统计数据显示，我国中小企业的平均寿命不超过 3 年，这就是最好的诠释。

作为一个在企业工作了近 30 年，也在大学商学院 EMBA 课堂讲授企业战略管理课程 20 年的人，我阅读过各种有关战略、管理的教科书和专著，但王导的这本书吸引了我，让我眼前一亮。具体而言，本书有以下几点令我印象深刻。

第一，目标客群清晰。

我们都知道，企业战略的精髓是差异化，差异化的关键之一是定位的差异，而定位的核心是找准目标客群和他们的特定需求。本书就是针对我国广大中小企业经营者而写的。绝大多数中小企业经营者没有机会、没有时间，甚至没有足够的财力来学校读 MBA、EMBA 或各种培训班，但他们也需要学习、提高，也渴望企业增长。而对这个目标客群用阳春白雪的大部头专著讨论企业的增长问题显然是不合适的，他们需要的是贴近我国企业实际情况，特别是能够在解决中小企业增长中碰到实际问题时可以给予指导性意见和建议的书。我想本书的价值就在于此，它很好地做到了这一点。

第二，理论与实操相结合，更强调实际操作。

本书没有讲高深的战略理论，但又有相当的高度。它用朴实的语言、通俗易懂的方式、身边常见的案例，将企业增长的 5 个主要环节——战略制定、战略执行、组织增长、挖掘人才、领导赋能，简洁清晰地展开；从产品、品牌、资源和资本 4 个方面对企业的盈利模式进行深入阐述，层层递进。总之，本书提供了一个很好的实战工具包，其中有很多企业经营者阅读后就能使用或借鉴的观点、方法及工具。

第三，与时俱进，积极运用新的观点、方法和理论。

最近十几年，互联网经济在我国的发展极其迅速。特别是在第二与第三产业，各种新的观点、新的商业现象、新的商业模式、新的发展路径层出不穷，如新零售、赋能型平台、新商业时代、私域流量的运用等。本书将这些主要在我国发展起来的新事物描述得很清楚，并结合实际的案例介绍了各种应用场景，打开了中小企业经营者的思路，为企业的增长提供了更加丰富的方法和路径。

第四，图文结合，清晰易懂。

好的表达方式对于读者的理解是非常有帮助的。特别是对于那些没有接受过正规管理培训或教育的中小企业经营者来说，有时许多书面语言未必能表达清楚的内容用图表展示就一目了然了。这很考验作者的提炼能力和形象思维能力，王导很好地做到了，读者阅读也就更容易了。

王导长期从事企业管理咨询工作，并且对中小企业的管理咨询特别用心。过去十几年，他深入辅导过几十家中小企业，既有深厚的理论功底，又有丰富的实践经验。他深知中小企业经营者的艰难，企业成败也往往系于一人。因此，提升他们的经营管理能力是真正从根本上帮助企业成长，也是助力我国经济的增长！

我希望王导能够再接再厉，帮助我国更多中小企业经营者提升经营管理能力，成为高水平的经营者！

沈伟家

复旦大学管理学院特聘教授

复旦大学泛海国际金融学院特聘教授

目　录

第 1 章

升维增长

企业的增长如果陷入低速或出现停滞，依靠传统的运营已很难摆脱困境，这时就需要经营者对企业的发展战略进行调整、优化。

1.1 中小企业的增长困局

自 2020 年以来，各行各业遭遇资金“寒冬”，不少大企业都将“活下来”当作头等大事。其实，中小企业的境况更糟糕。在资金和运营的双重考验下，中小企业要么在竞争中被淘汰出局，要么长期被利润低下困扰，增长缓慢，甚至不增反降，连“活下来”都似乎成了奢求。

一位在深圳创业的老板有 100 名员工，他算了一笔账：公司如果 1 个月没有收益，就要准备好 200 万 ~ 300 万元现金。某商办中介合伙人也面临同样的困境，他说：“1 个月不开张，需要准备 1500 万 ~ 1600 万元现金，而其账上的现金撑不过 3 个月。”

面对这样的大环境，中小企业要做的是始终坚持以利润为导向，以业绩为前提，并以此形成战略基础。也就是说，无法盈利的业务单元要砍掉，盈利不佳的业务单元要收缩，所有资源和行为都要聚焦在效益增长上。

企业效益差，利润增长缓慢，甚至不增反降，有外部因素的影响，也有内部因素的影响。外部因素包括行业环境恶化、市场规模缩小、产业结构变革等，内部因素包括企业文化、价值观、制度战略及经营者个人素养等。外部因素是客观存在的，它不会因个人的思想变化而轻易发生转移。因此，唯一能改变的是内部因素，中小企业要想摆脱增长困局，很重要的一步就是进行内部改革。

造成中小企业增长困局的内部影响因素可以总结为以下 4 个，具体如图 1-1 所示。

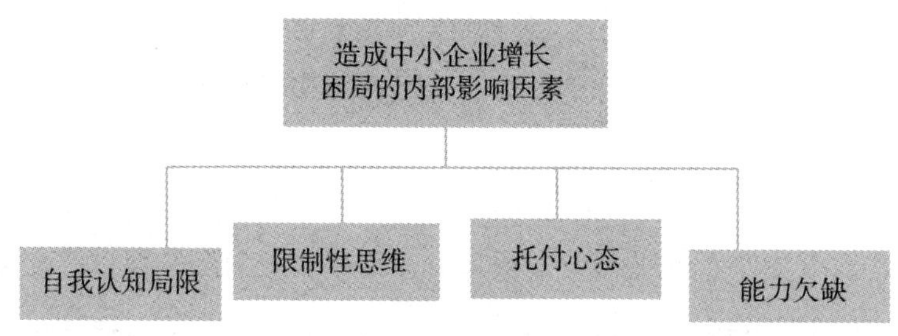

图 1-1　造成中小企业增长困局的内部影响因素

（1）自我认知局限

自我认知即“认识、了解你自己”。自我认知局限就是对自己认识不够、了解不够。很多中小企业经营者经常会陷入“我是谁”的迷茫，即对自己在企业中扮演的角色、应发挥的作用认识不清。

自我认知局限最典型的表现是盲目效仿大企业。各大商学院、管理培训中心经常有中小企业经营者的身影。表面上看，他们都是在学习。但不得不承认一个事实，这种“学习”多是无效的，更无法从大企业取得真经。中小企业经营者要认清自己，善于充分发挥自身优势，不要在成为大企业前先得了“大企业病”。

（2）限制性思维

中小企业经营者思维上最容易出现的问题是限制性思维，主要有以下两种表现。

第一种表现是经验主义，尤其是过去有过成功经验的，思维固化，习惯上认为所有事情都应该这样，所以做什么都依葫芦画瓢。中小企业经营者一定要从过去的固有思维中走出来，不要犯经验主义错误。经验可以借鉴，但过去的经验在新商业环境中很有可能会不断失效，取而代之的必须是新的思维体系。

第二种表现是缺乏放权意识，对所有事情都大包大揽，任何决策都自作主张，下属一点自主权都没有。在这种思维的影响下，即使有好机会，中小企业经营者也很难把握得住，因为单打独斗必然会延误时机。

（3）托付心态

托付心态在中小企业经营者中很常见，主要表现为当发现自己在某方面能力不足或无法达到预期目标时，就想将本应由自己承担的责任推脱、转移给他人。

笔者曾经辅导过一位经营外贸企业的学员，他在外贸行业做了近20年。2018年，当时正值跨境电商蓬勃发展期，于是他有了转型做跨境电商的想法。但由于对跨境电商的运作逻辑不了解，他也缺乏管理跨境电商企业的能力，最终选择与他人合伙，共同经营。公司只有他和合伙人两个股东，他是大股东，合伙人是小股东。可能是非常信任对方，也可能是自己真的不擅长经营，在接下来的两年中，他放弃了作为大股东应有的权利，将一切事情都托付给合伙人。后果就是公司因严重亏损而不得不清算解散。

这位学员在企业经营上犯的错误就是托付心态，其潜在心理是“我不愿或不能承担自己的责任，希望你能为我负责”。这样的合作注定只能以悲惨收场。

（4）能力欠缺

能力欠缺是指经营者不具备管理企业的某一项或多项能力，这也是大多数中小企业经营者面临的一个困局。企业在不同的发展阶段，对经营者的能力要求不一样。经营者要不断学习，不断充电，才能适应企业的发展所需。

中小企业的发展大致有三个阶段。

初创期：年收入通常在 5000 万元以下。

这个阶段最重要的是突出产品力，提升产品质量，以高品质产品赢得市场，赢得客户，赢得利润。这就要求经营者必须具备产品打造能力，包括生产、研发和营销能力。

高速发展阶段：年收入在 5000 万 ~ 3 亿元。

这个阶段要求经营者具有组织构建力、团队组织力。企业一旦进入这个阶段，对个人能力要求更高，如政策、制度的制定能力，以及战略规划能力，目的就是用制度规范和健全企业，让企业尽快发展壮大，更快、更稳健地获取利润。

成熟期：年收入通常在 3 亿元以上。

这个阶段代表企业进入了稳定的发展期，是创收的高峰期。该阶段对经营者的要求主要表现在资源的整合、资本的获取上，目的是动员更多的人力、物力、财力实现企业的全面发展，形成企业的竞争优势。

1.2 深度思考与系统视角

企业在发展过程中必然会遇到很多困难，这时经营者的主要工作就是如何解决问题，带领企业走出困境。中小企业经营者应该做好两项准备，一是进行深度思考，二是学会站在系统视角解决问题。

1.2.1 深度思考

随着各行业的商业模式、市场环境日趋成熟，企业对经营者的要求越来越高，经营者做任何决策都必须进行深度思考。所谓深度思考，是指透过表象看本质，揭示问题背后的真相和核心。

深度思考是一种不断逼近问题本质的思考方式，具有独立性、自觉性和逻辑性 3 大特性。

（1）独立性

独立性是深度思考的第一个特性，要求企业经营者有独立思考的能力。作为企业的掌舵人，如果没有独立思考的能力，只知道随波逐流，做出的决策势必也没有自身特色，甚至会违背企业的发展需求和规律。

笔者曾经辅导过一位从事口腔医疗行业的学员。起初，他一直做得很好，门店从一家发展到三家，口碑好，盈利也相当可观。然而，大好局面却被他自己的一个错误决策葬送了。

这个决策就是盲目扩大单店规模，由 200 平方米的社区店扩大到千余平方米的专营店。原来，他的前两家店都是社区性小店，规模小、投资少。后来，看到同行做的都是规模较大的专营店，他便盲目效仿，花大资金租门面、搞装修。但自从做了大店之后，他不但没有扩大盈利，反而陷入了亏损中。

这个问题令该学员感到非常困惑，我问他："当时是什么原因让你有了转做大型专营店的想法？"

该学员说是一位同行朋友建议的，毕竟大家都普遍认为，规模大意味着客单价高，代表着企业的实力和品位。于是，他就决策了。

该学员犯的错误就是缺乏独立思考的能力。专业性强的大店的盈利性确实比较好，但并不适合所有情况。一个经营模式是否适合自己的企业，经营者不能只看别人做得怎么样，而要结合自身的情况独立思考、客观分析，得出正确的结论。

盲目效仿，不会独立思考，在中小企业经营中是一种很常见的现象。有些经营者为了促进企业发展，想尽一切办法进入这样或那样的社交团体，如商学院、游艇会、高尔夫球会、商会、读书会等，目的就是取得他人的“真经”，为己所用。殊不知，这些社交团体中的信息质量参差不齐，很多是无效的。经营者获取的无效信息越多，对自己的独立思考越不利。

需要注意，这里并不是说加入社交团体不好，也不是说社交团体的信息没有价值，而是强调要想做出正确的决策，独立思考是基础，经营者绝对不能过度依赖他人现成的经验。

（2）自觉性

自觉性是指自我觉察，这是深度思考的重要前提。一个人遇到自己无法解决的问题时往往会有两种反应：第一种是“怎么会这样”，第二种是“为什么会这样”。

这两种反应产生于两种截然不同的思维模式。“怎么会这样”反映的是缺乏自觉思考，这类人在思考问题时更关注外部因素的影响，更看重别人的想法和看法，在他人身上寻找动力。

有第二种反应的人不同于有第一种反应的人，他们面对问题能及时意识到自己的错误，并从自身找原因。当一个人能在自己身上找到失败的原因时，就意味着他牢牢抓住了解决问题的主动权。很多中小企业经营者不成长或成长慢，原因不是缺乏能力，而是缺乏自我觉察的觉悟和意识。

总在他人身上找原因，潜意识就会认为“这件事情与我无关”“不是我的责任”。经营者一旦有了这样的想法，自然就会失去成长机会。只有意识到事情与自己有关、自己才是根源时，经营者才会深度思考，寻找新的机会。所以，自我觉察意识强的人不但会问“怎么会这样”，更会问“为什么会这样”，甚至会进一步思考“出现这样的问题，我应该承担什么责任”。

（3）逻辑性

很多时候，决策失误是因为经营者思考时缺乏逻辑性，或把复杂的问题过于简单化。经营者做决策一定要逻辑严密、条理清晰，知道所做的决策是在什么情况下产生的、发展路径是什么、最终预期是什么。每条都要条分缕析地列出来，并找出对应的解决办法。

严密的逻辑源于合理、有效的方法。咨询行业有一个 MECE 分析法，即 Mutually Exclusive Collectively Exhaustive，意为“相互独立，完全穷尽”。相互独立是指问题的细分要在同一维度上，并有明确的区分、不可重叠；完全穷尽是指分析问题要全面、周密。综上所述，该方法的目的是考虑问题时要理清思路、逻辑完整，进行相对全面、详尽的思考，最大限度地避免以偏概全、以点带面的情况出现。

一家生产电子产品的企业需要采购一批最新研发的材料，员工小李被老板安排去调查供应商的情况。

小李调查后向老板汇报：“我认为 A 公司的比较好。一是经对比，画面显像效果最好；二是耐用性测试结果显示优于其他两家；三是耗电量符合咱们公司的要求。”

小李汇报后自信满满，还等老板夸奖几句，没想到却被反问：“性能方面没有问题，那其他方面也没有问题吗？价格是否有优惠？供货时间多久？”被这样一问，小李显得有些不知所措，因为他对这些情况根本没有调查，只能跟老板说“我再了解一下”，最后灰溜溜地离开了办公室。

小李的失败之处在于，仅对该材料的性能做了调查，而对老板最关心的采购价格、交货时间、公司信誉等没有进行了解。其实，就小李的调查结果而言，不能说一点价值也没有，只是说证据不够充分，有所遗漏，是错误的工作方法导致的。假如小李能运用 MECE 分析法，就可以避免这些。

那么，如果小李采用 MECE 分析法重新调查，又应该如何做呢？他可以参考表 1-1 所示的说明。

表 1-1　MECE 分析法实例剖析

项目	具体内容
结论	经过调查，我认为 A 公司的产品更好
理由 1	阐述清楚性能、画面、耐用性、电力消耗等方面都比较好
理由 2	购入价格符合我们提出的要求。例如，A 公司表示如果我们的订购量大或长期合作，会给予我们一定的价格折扣
理由 3	关于交货周期，A 公司表示下单后最慢 5 天内保证送达
理由 4	近 3 年，A 公司在国内相关生产企业中排名均位列前 3，公司信誉、财务状况等方面比较可靠

由于客观条件、个人能力的制约，任何人考虑问题时都很难做到完全无遗漏、无重复。要想确保无遗漏、无重复，最好多运用 MECE 分析法，以掌握思考问题、解决问题的流程与逻辑。

1.2.2　系统视角

系统存在万事万物之间，它以某种形式将单个存在的现象或事物联系在一起。例如，每个人就是一个个体，分属家庭、事业、朋友等不同的系统。系统又可以细分，让个体定位更明晰、形象更丰满。例如，家庭系统包括亲子、夫妻、亲戚等系统；朋友系统可以分为同学、同事、志同道合者等系统。在不同的系统里，每个人都扮演着不同的角色，而这些系统或独立，或交织，或并驾齐驱，构成丰富多彩的人生总系统。

系统视角是一种考虑问题的方式，是指看待一个现象或事件要站在一定的高度，用极具穿透力的视角，360 度无死角地看。只有这样，对该现象或事件的认知才更深入，还原度才更高。

在中小企业经营管理中，很多经营者考虑问题正是缺乏系统视角。例如，在设计和制定一些制度时，经营者往往容易就问题看问题，做出一些很难落地、不痛不痒的决定，既解决不了实际问题，又浪费了时间，更重要的是还影响了政策制定部门乃至公司高层的管理权威。这一切的根源就是缺乏系统视角。

那么，中小企业经营者如何站在系统视角看问题呢？方法有以下两种。

（1）升维思考

当企业发展遭遇困境时，经营者不要因困境而裹足不前或苦苦挣扎，而要打开思路，采用升维的形式，换个角度重新思考。上升一个维度或换一个角度，问题就会更容易得到解决。

所谓升维，就是经营者通过思考把头脑中的下位概念升级到上位概念，将问题放在一个更高、更大的格局里，从而可以看到问题的全貌，发现解决问题的更多可能性。

上位概念与下位概念是相对概念，它们是对同一事物的不同层次的认知。因为下位概念不能解决问题，所以要把认知升级到上位概念，从更高的层次去观察、思考。

例如，基层员工遇到一个问题，久久无法解决，求助很多同事也无济于事，当转而向上级求助后很快就解决了。之所以这样，原因很简单，管理人员与基层员工看待问题的视角不同，所拥有的能力、资源、解决问题的思路也不同，基层员工看起来很难的问题，在领导看来就十分简单。所以，经营者遇到问题时不妨上升一个维度，重新审视，也许就能看清问题的本质，找到解决问题的方法。

笔者有一位做外贸的朋友，其企业主要经营 PC 硬件。这个行业其实很难做，毛利润低，增长也很缓慢。为了获得更高的利润，这位朋友不得不与供应商讨价还价，每天做得最多的工作就是与供应商进行价格磋商。

从短期来看，这样做确实有效。但从长期来看，丝毫无法从根本上解决问题。最后，这位朋友不得已采用了升维的思路，他重新审视了企业所处的产业链，花大量时间做了产业链分析，并在产业链中不断找突破口。

最后，他发现对价格影响最大的竟是元器件成本过高。这个发现让他豁然开朗：单纯地与上游供应商进行低维度的讨价还价是无法真正获得价格优势的，关键还是降低元器件成本；只有主要成本降下来了，产品价格才能降下来。这种做法就是从企业维度上升到产业维度，问题就迎刃而解了。

（2）建立专属经营模式

优秀的经营者都有一套自己专属的经营模式，这个模式有助于他在方方面面做出科学而有效的决策。中小企业经营者也要有一套系统的经营模式，这个模式就是破局盈利五步法。

破局盈利五步法是经过上百次实战后总结出来的，分别为构建增长战略、高效执行、组织增长、挖掘人才和赋能领导力。

（1）构建增长战略

增长战略是基于对企业利润增长所依赖的主客观条件及其发展变化的规律性认识所做的全面规划和部署的总称，是对企业发展全局的策划和指导。然而，很多中小企业经营者往往会忽略战略的重要性，并且误认为制定战略是大企业做的事。其实恰恰相反，越小的企业越需要注重战略层面。

（2）高效执行

当企业完成战略层面的总体规划后，执行就成了关键。执行是最考验企业经营者水平的。诸多事实证明，中小企业的管理工作存在着先天性的不足：基层不理解企业的战略意图，中层又缺乏专业的管理能力，进而导致高层再好的战略也很难执行下去。

（3）组织增长

中小企业由于缺乏组织增长能力，很少有真正依靠组织进行管理的。目前，大部分中小企业仍是依靠个别有能力的人支撑。这样下去，企业就会受某个个体的影响较大。同时，个体能力也会成为企业发展的阻碍。

要想解决这个问题，经营者就需要优化组织结构、进行组织创新、明确规定职务或职位、明确责权关系等。

（4）挖掘人才

中小企业要想发展，至少要有两类人才。第一类是战略性人才。这类人才通常在核心部门担任要职，往往能以一己之力影响企业的走向。例如，技术人员的技术突破、研发人员的爆款产品等。这类人才很难通过内部培养获得，主要靠在人才市场中“抢”。

第二类是业务型人才，即熟悉业务、能够在短期内给企业创造利益的人。这类人多靠企业内部培养，企业只要有完善的人才培养体系和高超的培养能力即可。

（5）赋能领导力

随着“赋能”一词被广泛应用，很多名企纷纷提出赋能管理战略。例如，京东的零售赋能、小米手机旨在做推动者和赋能者等。

在现代管理中，依靠传统管理已经无法满足企业的发展需求，尤其是对一些关键关系的处理，如员工与企业目标的关系、员工与组织的关系、组织与环境的关系、组织与外部环境变化的关系等。因此，企业经营者必须对自己的角色进行重新认知和定位，不能只做控制者、决策者，而是要积极改变，做信息提供者、人际关系搭建者，不断对员工、团队进行赋能，最大限度地激发员工的工作热情，提高团队的创新效率。

第 2 章

增长战略

增长战略是企业生存和发展的基本战略，是促使企业不断扩大盈利，增强竞争力的保障。而增长战略的制定、执行又是十分有讲究的，经营者必须充分调研、结合企业的实际情况来做。

2.1 战略方向：正确决策由未来的趋势而定

趋势决定方向，行业未来的发展趋势决定了企业的战略方向。经营者要善于利用趋势。利用得好，趋势会变成助推企业发展的动力；利用得不好，则会成为企业发展的阻碍。

2.1.1 影响战略决策的因素

“战略”一词最早运用于军事领域，后来才延伸到企业管理中。增长战略作为企业战略体系的重要组成部分，是指企业在某一时期寻求发展的思路、方向、目标、制度，以及为践行这一切而做的重大决策和规划。科学、合理的战略有利于企业朝着正确的方向发展，有利于企业快速、稳健地实现盈利。

制定增长战略首先要确定战略方向。方向错了，一切努力都白费。工业和信息化部数据显示，截至 2021 年末，全国中小企业数量达 4800 万户（含微型企业）。虽然数量众多，提出增长战略者也不在少数，但真正做好的却不多。主要表现为缺少对战略方向的研判和分析，导致制定的战略方向错了，或不够明确。

战略方向错了，或不够明确，都会影响企业战略的制定和执行。那么，什么是战略方向呢？所谓战略方向，是指企业制定战略方案、战略决策的指导方向。

对增长战略方向的把握和确定，需要建立在精准研判市场变化趋势的基础上。纵观当下整个市场，有 3 个重要因素可能会影响未来的趋势，具体如图

2-1 所示。

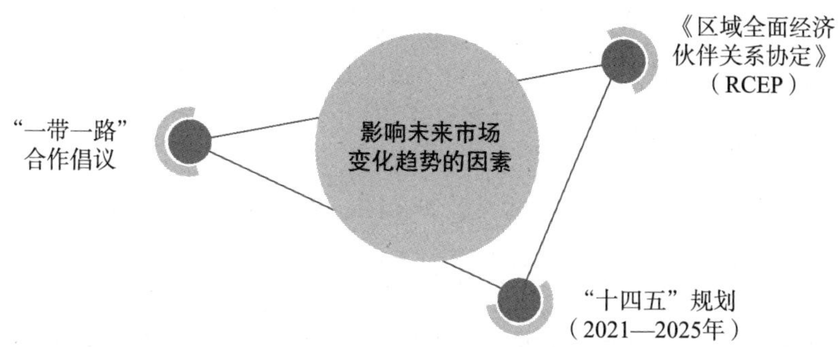

图 2-1　影响未来市场变化趋势的因素

2.1.2 “一带一路”合作倡议

“一带一路”是“丝绸之路经济带”和“21 世纪海上丝绸之路”的简称，是我国为发展区域经济而出台的一项合作倡议，目的是带动沿线国家和地区资源、产业结构的协调发展。“一带一路”沿线国家和地区有些基础设施薄弱，有些产能差，这项政策将大大改善其境况，促使其更均衡地发展。这对于旨在做品牌出海或跨境贸易的中小企业十分有利。

随着“一带一路”合作倡议的逐步落实，以下 3 个地区将受益最大，如图 2-2 所示。

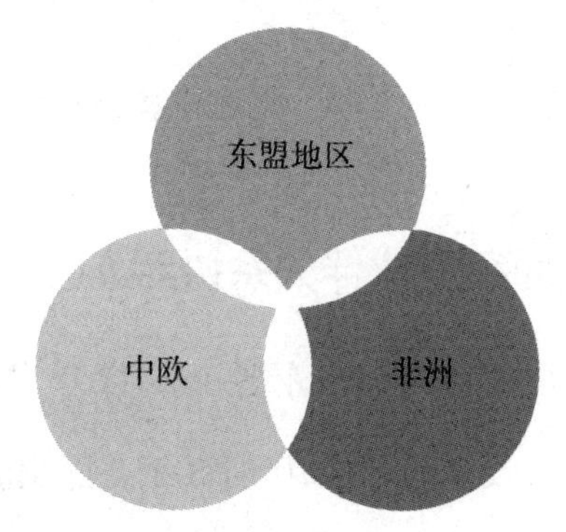

图 2-2　“一带一路”的 3 个重点受益地区

（1）东盟地区

传统电商在我国国内市场增速不断下滑已成事实，迫切需要开辟国外第二市场，东盟地区则成了首选区域之一。原因是东盟地区各个国家的人口多、消费潜力大、利润增长空间大。

东盟地区比较有代表性的国家，如泰国、越南、菲律宾、马来西亚、印度尼西亚，5 国的总人口超过 5 亿，经济总量也很庞大，与我国国内产业可以形成很好的互补。尤其是电商行业，阿里巴巴、京东、腾讯等都在该地区进行了重点布局。对于中小电商企业而言，突破国内发展瓶颈或想开辟海外市场都可以重点布局东盟地区市场。

（2）中欧

中欧是“一带一路”合作倡议受益的第二个地区。目前，重庆、四川和新疆都有直通中欧国家的班列。随着海运费用越来越高，中欧班列可谓大幅度降低了出口费用，为出口贸易企业提供了新的契机。可以预见，未来通过中西部陆路开辟中欧乃至整个欧洲市场是非常有机会的。

（3）非洲

“一带一路”合作倡议受益的第三个地区是非洲。我国已经有不少中小企业布局非洲市场，无论毛利润还是净利润都非常可观。尤其是与资源、制造业相关的企业，非洲是很好的一个市场，只要定位做得好，商机就有很多。

2.1.3 《区域全面经济伙伴关系协定》（RCEP）

RCEP 是一个区域自贸协定，由东盟于 2012 年发起，包括中国、日本、韩国、澳大利亚、新西兰及东盟 10 国历时 8 年共同制定，2020 年 11 月 15 日正式签署，2022 年 1 月 1 日起在大部分成员国陆续开始执行。

RCEP 的全面实施有多重作用，具体如图 2-3 所示。

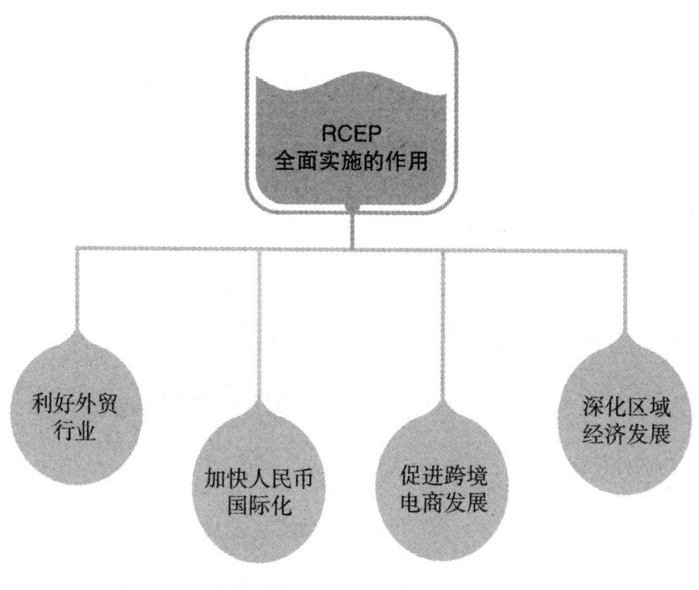

图 2-3　RCEP 全面实施的作用

（1）利好外贸行业

RCEP 全面实施后，受益最大的非外贸企业莫属。以中国与日本的外贸变化为例，与日本签署自贸协定后，中日首次达成关税减让，日本拟对中国 86% 的商品免除进口关税。这将大大促进中日经贸规则的优化与整合，扩大双边经贸范围。

（2）加快人民币国际化

RCEP 加快了人民币的国际化进程。随着 RCEP 不断深化，人民币在国际上的渗透率不断提高。尤其是东盟，会有更多东盟国家和地区选择以人民币进行计价和交易。

人民币国际化带来的效果是非常直观的。例如，降低企业汇兑风险，降低海外物流仓储建设成本，加快产业升级、跨境电商崛起，以及完善金融服务、技术服务、数字服务等。

（3）促进跨境电商发展

跨境电商运营涉及多个链条、多个环节，而 RCEP 的实施对跨境电商各个环节都十分利好，包括降低和消除邮政小包征收关税的风险、降低原材料成本、降低企业汇兑风险、降低海外物流仓储建设成本等。

RCEP 也使跨境金融服务业更加完善，有助于本土国际金融城市地位的加强。例如，电信服务业的开放鼓励更多电信和数字企业参与市场竞争，将给国内企业一个“走出去”的机会。同时，通过开放市场吸引国际高端数字企业进入，带动国内数字产业的发展。

（4）深化区域经济发展

RCEP 的实施标志着亚太区域经济合作进入了一个全新的发展阶段，为亚太区域经济合作带来了新的机遇，推动东亚区域经济不断向前发展；同时也标志着亚太区域经济作为全球区域经济一体化的重要组成部分，在艰难的大环境下将会取得跨越式发展，对经济全球化和区域经济一体化发挥积极的促进作用。

2.1.4 “十四五”规划（2021—2025 年）

坚持科技创新是“十四五”规划的一个重要内容，这标志着科技创新从企业单独的行为变为举国体制，依靠科学技术带动产业发展将成为未来的主旋律。届时，长期困扰企业的技术问题、重要“卡脖子”工程有望得到改善，制造业转型也能得到更有效的解决。

例如，很多传统 OEM（定点生产、代工）企业长期以来一直在寻求向 ODM（原始设计制造商）、UDM（统一数据管理平台）转型。这个过程因缺乏专利技术而寸步难行。企业没有自己的专利技术，无法拥有数字化工厂，就不可能真正转型为 ODM、UDM 企业。

“十四五”规划明确提出，大力支持企业拥有自己的专利技术，进行自动化和数字化改革，建设数字化工厂。“十四五”规划将开创中小企业发展的新局面，企业经营者一定要意识到这点，认真、仔细研读“十四五”规划，坚持科技创新。

除了鼓励企业积极进行科技创新这一大亮点以外，“十四五”规划还有 3 个亮点，如图 2-4 所示。

图 2-4　“十四五”规划中的 4 大亮点

（1）科技创新：从企业主导到举国体制

“十四五”期间，我国将大力扶持企业进行技术革新，每年会奖励一批在技术创新方面取得重大成果的企业。这对于中小企业发展也是十分有利的，有条件者可申请技术专利。

（2）产业格局：从促进服务业到扶持制造业

“十三五”规划的发展策略是“并存”，提倡共同发展；“十四五”规划的发展策略是“优先发展”，着眼于扶持企业从低价值链向高价值链转型。

（3）经济增长方式：从投资、消费、出口到拉动内需

“十四五”规划确立了“从主要依靠投资和出口拉动经济增长，向消费与投资、内需与外需协调拉动经济增长转变”的总方针，这就为中小企业指明了发展方向，为深耕国内市场奠定了基础。

不过，如果企业尚未站稳国内市场，就不要轻易拓展海外市场。尤其是外贸、跨境电商企业，盲目拓展国外市场不如深耕国内市场。

（4）区域发展：从优先发展发达地区到扶持落后地区

从“十三五”到“十四五”，区域经济发展政策发生了重大变化。“十三五”期间着重发展长江三角洲地区和珠江三角洲地区两大湾区。“十四五”期间则着重发展几大城市群，如西南地区的成都、重庆，中部地区的武汉、合肥、长沙，西北地区的兰州—西宁、宁夏沿黄、天山北坡等城市群，以及环京、环渤海经济带；旨在通过中心城市带动周边，减轻一线城市的发展压力，这样上海、深圳、广州等一线城市的人口及资源优势会慢慢倾斜到中西部城市。

这是一个非常重要的信号，意味着下沉市场有了更多机会。以前是“得一二线城市者得天下”，现在是“得三四线城市者得天下”，这也是很多品牌已经开始放弃一二线城市、转做下沉市场的主要原因。

2.2 战略转型：通过基因探索找到转型方向

当发展战略与市场不匹配时，企业就到了该转型的时候。及时地战略转型是改变企业命运的关键。但是，经营者需要基于企业自身，找到并深入分析影

响战略转型的各个因素。

2.2.1　影响战略转型的 5 个因素

在现代，决定企业竞争胜负的不再是“硬战力”，而是战略这种更软性的资源。战略一旦不再适应企业的发展，企业就要寻求转型。企业要想避免破产、被吞并，转型是唯一的出路。正如美国霍尼韦尔国际公司前总裁、CEO 拉里·博西迪所说：“到彻底改变企业思维的时候了，要么转型，要么破产。”

战略转型是指企业的经营方向、运营模式、组织方式、资源配置方式等的整体性转变，是企业重新塑造竞争优势、提升社会价值、实现新形态的过程。在这个过程中，企业经营者要能审时度势，准确预判和果敢决策。而要想做到这点，企业经营者需要分析影响战略转型的因素。影响战略转型的因素通常有以下 5 个，如图 2-5 所示。

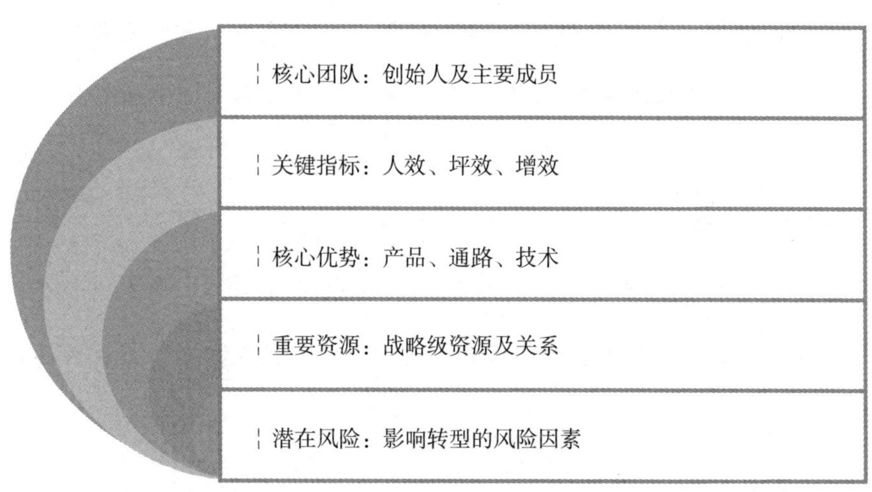

图 2-5　影响企业战略转型的 5 个因素

接下来，我们结合实际案例分析各个因素是如何影响战略转型的。

某口腔连锁企业转型所受影响因素的具体情况，如图 2-6 所示。

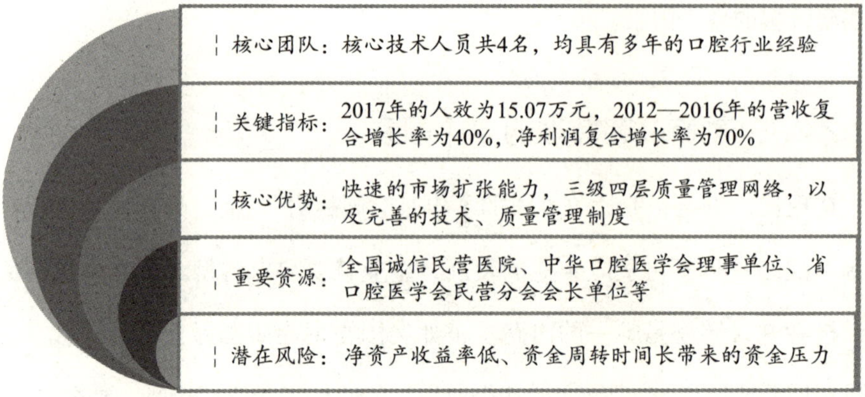

图 2-6　某口腔连锁企业战略转型的 5 个影响因素分析

（1）核心团队

在口腔服务类企业的核心团队，医生是主要成员。医生能力强、资质深，团队就力量大。

（2）关键指标

该企业 2017 年的人效为 15.07 万元，2012—2016 年的营收复合增长率高达 40%，净利润复合增长率达 70%。从这些数据看，该企业的盈利能力也非常强。

（3）核心优势

该企业从 2012 年开始扩张，到 2020 年已经有 70 家店，均在省会及其周边。快速的市场扩张能力、完善的产品质量管理制度及技术体系成为其最大优势。

（4）重要资源

该企业开创了一个非常重要的运营模式：医院 + 门诊，即在每个区域设置一个中心医院，同时设置若干门诊。中心医院解决的是公信力问题，门诊解决的是服务问题，目的是为患者提供高效、便捷的服务。大多数人之所以觉得大医院的口腔科很差，就是因为医院缺乏门诊的灵活性。

医院的公信力是有了，但患者体验比较差，门诊可以有效改善这个问题。有医院公信力优势，有门诊服务高效、便捷的优势，两者结合就会在同行中具有竞争优势。

（5）潜在风险

从事口腔行业有一个潜在风险，即由于净资产收益率低、资金周转时间长而带来的资金压力。所以，要解决这个风险，该企业就必须先保证充裕的资金流或加快融资步伐。

2.2.2　核心团队

核心团队是影响企业战略转型的首个因素。核心团队成员作为企业人才资源中的一股重要力量，是推动企业向前发展的中流砥柱。企业核心团队的稳定性关系着企业战略执行与落地的效果。因此，对于中小企业而言，要想真正实现战略转型，就必须先建立一支稳定的核心团队。那么，如何组建核心团队呢？

（1）确定成员

理想的核心团队成员包括企业高管和骨干员工，通常由创始人和六“O”成员（CEO、COO、CSO、CTO、CFO 和 CHO）构成。

创始人是企业发展的“领头羊”，是企业战略的决策者、制定者。业界有这样一句话，创始人胸怀的边界就是企业发展的边界，企业的发展历程会深深地打上创始人的烙印。纵观那些优秀的大企业，特别是 20 世纪 80 年代崛起的企业，如海尔、万向、万科、华为等都拥有优秀的创始人。这些人无一例外地以自己的知识能力、管理理念、个人魅力深深地影响着企业的发展。张瑞敏对于海尔、鲁冠球对于万向、王石对于万科、任正非对于华为，创始人就像一个大家庭的家长在企业发展中发挥着无可替代的作用，也在历次转型中起着决定性作用。

拥有优秀的创始人，核心团队就有了基础。然而，一个有竞争力的核心团队除了创始人之外，通常还有联合创始人、关键岗位上的管理人员。以在企业中担任 CXO 职位的人为代表，他们在战略转型中同样发挥着重要作用。

（2）明确团队的特性

核心团队成员有共同的奋斗目标，有高度一致的世界观、价值观和责任感。同时，各成员的能力要形成互补，既可以精诚合作，又可以独当一面、各司其职。

雷军在创办小米公司的初期即确定了 8 个合伙人，这也是小米的核心团队成员。其中 6 人与技术、产品有关，2 人与资源、市场有关，他们在各自的岗位上以自己的聪明才智深深影响着小米的发展进程。

例如，黎万强热爱摄影和艺术，在小米先后负责 MIUI、小米网及市场工作，创立了基于“用户开发模式”的 MIUI 手机操作系统，创造了参与感、手机控、米粉节等；负责研发工作的周光平为小米手机的研发和生产奠定了基础；负责业务的黄江吉是米聊、小米云、IoT 战略等多项业务的拓荒者。

综上所述，企业经营者组建核心团队一定要想清楚：团队需要什么样的人才？这些人是否是各层面最优秀的人才，能为团队提供什么样的资源？能否保证团队价值观高度趋同，为实现企业目标而奋斗？

2.2.3 关键指标

关键指标具体包括人效、坪效和增效。

（1）人效

顾名思义，人效是人均效益，具体是指企业在人力上的投入产出比。该比值通常按月、年计算，计算公式也很简单。以月为例，人效 = 月平均销售额（毛利额）/ 月平均工作人数。

如今，企业越来越崇尚独立自主、个性张扬的文化，对员工的个人贡献率寄予更高希望。任正非、张瑞敏、马云、张一鸣等企业家都表现出对人效的极度执着，正如任正非所认为的："不抓人均效益增长，管理就不会进步。一个企业最重要的就是追求长远的、持续的人均效益增长。"

人效对于企业发展十分重要。战略是否应该转型，一个很重要的指标就是看其人效高低。人效高的企业，战略无疑是不需要转型的。只有人效开始变低了，才说明战略可能存在问题，有必要进行转型。

例如，2021 年、2022 年深圳各大工厂都纷纷外迁，表面上看是因为各项成本居高不下导致的，实际上就是人效太低。有统计显示，一个工厂想要在深圳立足，人均效益至少达到 100 万元，即 5 倍于当地人均 GDP；达不到这个标准，就会慢慢被清除或边缘化。深圳工厂的人效长期以来处于一个相对较低的水平，早年靠的是人口红利，用人成本非常低，现在随着用人成本逐步升高，人口红利消失，所以势必会出现工厂外迁的现象。

（2）坪效

坪效是一个营业额计算指标，具体指每坪面积上产出的营业额（1 坪 ≈ 3.3 平方米）。坪效的计算是用营业额除以专柜所占总坪数。需要注意的是在实际运用时，坪效最好与净资产收益率（ROE）挂钩，提高坪效就要提高 ROE。

ROE 也称股东权益报酬率。如果说利润率代表的是企业的效益，那么周转率代表的就是企业的效率。效益越高，ROE 越高；效率越快，ROE 也越大。

例如，投资100万元，但不一定要盈利100万元才去开店，只要利用率、周转率高就够了。所以，有些行业中开店对投资的资金多少没有那么高的要求。

（3）增效

增效即增长率，是指特定时间内某一数据增加的部分与原来部分的比例关系，通常用百分数表示。例如，某企业2021年营业收入是500万元，2022年增长到600万元，那么2022年的增长额就是100万元，增长率是100/500=0.2，即20%。

高增长率既是企业自身发展的要求，也是股东、员工、消费者追求高利益的要求。企业只有不断增长，才能长足发展，不被竞争对手击败；也只有不断增长，才能给股东、投资者带来利益，给员工带来安全感，给客户带来好的产品和服务。

连续亏损的企业增效很低，增效低的企业是无法产生高额利润的。尤其是上市企业会更糟糕，股价日渐降低，未来价值缩水，这显然是股东和投资者难以接受的。

2.2.4 核心优势

所谓核心优势，是指企业在竞争过程中较之竞争对手所有优势里最强的那一个或几个。

例如，一提到辣酱，很多人会想到老干妈。老干妈之所以在同行中一枝独秀、鲜有竞争对手，就是因为在品牌知名度、炒制工艺、营销渠道、供应链等诸多方面具有优势。但真正起决定作用的是其最核心的优势，即独特的炒制工艺。这个优势是其领先于竞品的最根本保障，即使市场上出现过多款同类品，但永远只停留在模仿的浅层次上，无法超越。

任何企业都有自身的优势，但不一定有核心优势。企业没有核心优势，就无法形成强大的竞争力，在转型时也处处被动。

对于核心优势，很多中小企业经营者的理解是片面的，他们只简单地认为是某些通用的优势或竞争对手早已经有的优势。一个优势是否是核心优势，需要具备唯一性，即该优势具有开创性，是最先有的，是行业第一或唯一。

这些优势可以是产品、技术等内在层面，也可以是企业规模、商誉等外在层面，只要远远领先同行，就可形成核心优势。中小企业经营者要清晰地认识到自己的核心优势，这是最终赢得市场和消费者的保证。

例如，苹果手机之所以在智能手机领域长期保持领先，并被很多消费者青睐，主要原因就是其在技术上的强大优势，能够做到行业第一和唯一。苹果 iOS 是苹果公司开发的移动操作系统，为苹果智能手机提供了强有力的技术支撑，也是实现与同类产品差异化的关键。

2.2.5　重要资源

这里的“资源”不是指普通资源，而是战略级资源。战略级资源是指企业用于战略行动及推行的人力、财力、物力等资源的总和。企业的战略级资源包括 8 类，具体说明如下。

（1）品牌资源

品牌是企业的宝贵资源，品牌强则企业强，企业拥有强大的品牌资源就具备了强劲的发展动力。所谓品牌资源，是指所有用于建立、巩固品牌权益与品牌形象的资源，包括品牌的基本元素，如名称、符号、广告语、文化、与品牌相关的体验、渠道、人员、活动、媒体关系、消费者对品牌的认知及态度等。

品牌从无到有、再从有到壮大是一个漫长的过程，很多知名品牌都是经历几十年甚至上百年的沉淀才形成的。虽然打造一个品牌不容易，但就长远发展而言绝不可放弃。在这个快速迭代的商业社会，如果规划得好，品牌的打造会省时省力得多，它不再像以往需要太久的时间。

很多新锐品牌的成长路径很短，出道即爆款。阿芙精油创始人“雕爷”曾经说过这样一句话：“每一种消费品，看来都值得重做一遍了。”短短两三年，这个观点就在很多行业得到了验证。例如，商场货架上曾经都是可口可乐、雪碧、冰红茶的身影，现在则有了元气森林、好望水；白领们的下午茶也从千篇一律的星巴克变成了燕麦奶、三顿半；曾经痴迷海外化妆品的消费者也开始转向青睐花西子、完美日记。

（2）财务资源

丰富的财务资源是企业综合实力的反映和获利能力的体现。财务资源是指企业所拥有的资本，以及企业在筹集、使用资本过程中形成的独有且不易被模仿的财务专用资产，包括财务管理体制、财务分析与决策工具、财务关系网络及财务人员等。

判断企业的综合实力与获利能力，可以看该企业的财务与获利能力是否处于同行前列，企业利润来源、分布及趋势是否合理，各项财务指标是否正常，以及融资能力是否强大等。

（3）人力资源配置力

人力资源配置力是指企业独有的、长期形成的、按一定规则动态地把企业所具备的人力资源组合在一起，使企业在转型后能取得可持续生存与发展的基础性能力。

判断企业的人力资源配置力，可以看该企业的领导者、管理人员及技术人员的素养、知识水准与经验技能是否有利于企业的发展，其意识是否先进，企业内聚力如何等。

（4）采购与供应资源能力

采购与供应资源能力是企业的重要资源，直接关系着产品的品质。因此，长期以来，采购与供应资源能力是企业尤其制造企业非常重视的。很多中小企业由于不具备这种能力，导致在产品生产和供应能力上非常弱。

判断企业是否有强大的采购与供应资源能力，可以看该企业是否具有充足的采购能力、是否有通畅的采购渠道、是否能以合理的价格获得所需资源，以及与供应商的关系是否稳定等。

（5）生产能力或产品力

生产能力或产品力的核心是产品的产出能力，对于制造业而言通常叫生产能力，对于非制造业而言就叫产品力。这项能力是企业的核心资源，因为企业经营的本质就是为客户提供产品，产品力高低决定了战略的转型能力。

判断企业的生产能力或产品力，可以看该企业的生产规模是否合理，生产设备、工艺能否跟得上潮流，企业产品的质量、性能是否具有竞争力，产品结构是否合理。

（6）市场营销水平与促销力

在产能相对过剩的时代，企业的市场营销水平与促销力发挥着至关重要的作用。营销是指企业发现或发掘潜在消费者需求，让其了解产品，进而购买产品的活动。促销是市场营销的一部分，是加大产品宣传推广的一种形式，通常只面向目标消费者。

这两种能力是企业发现、创造和交付价值，以及满足市场需求，同时获取利润的一种手段。判断企业的市场营销水平和促销力，可以看该企业是否具有强大的市场开发实力、完美的市场营销策略、富有创意的促销活动，以及是否有一支精干的销售队伍等。

（7）专利技术

专利技术具有巨大的商业价值，是企业战略转型依赖的重要资源。中小企业不一定要具有深厚的技术研发实力，但一定要拥有自己的技术专利。技术专利是指已获得专利权的发明创造技术成果。

判断企业的技术研发实力，可以看该企业是否具备产品开发和技术改造能力，看该企业与科研单位、高校的合作是否广泛，以及企业的技术储备在同行业中处于什么地位等。

（8）对无形资源的把握能力

在当代市场竞争中，无形资源越来越受重视，企业的无形资源包括技巧、知识、关系、文化、声誉等。这部分资源往往比有形资源更稀缺，利用得好，可大大强化企业战略转型的软实力。

判断企业对时间、信息等无形资源的把握能力，可以看该企业是否能充分获取、储备和应用各种信息，以及时间管理是否合理等。这些战略资源构成了企业的整体实力，企业如果没有这些资源，或者资源与战略不匹配，战略转型就会很困难。当然，在具体运用上也是有所侧重，不同企业所需资源不同；即使同一企业在不同的发展阶段，所需资源也是不同的。

例如，在企业创立初期，人才、技术是最重要的资源；当企业发展到成熟期时，资本和渠道取而代之，成为最迫切需要的资源。服务型企业更关注客户和渠道资源，传统制造业更关注资产和技术资源，新型互联网企业则更重视信息、大数据等无形的资源。

2.2.6 潜在风险

潜在风险即企业在转型过程中因遇到不确定因素而产生的风险。中小企业在战略转型过程中可能会遇到 5 大风险，具体如图 2-7 所示。

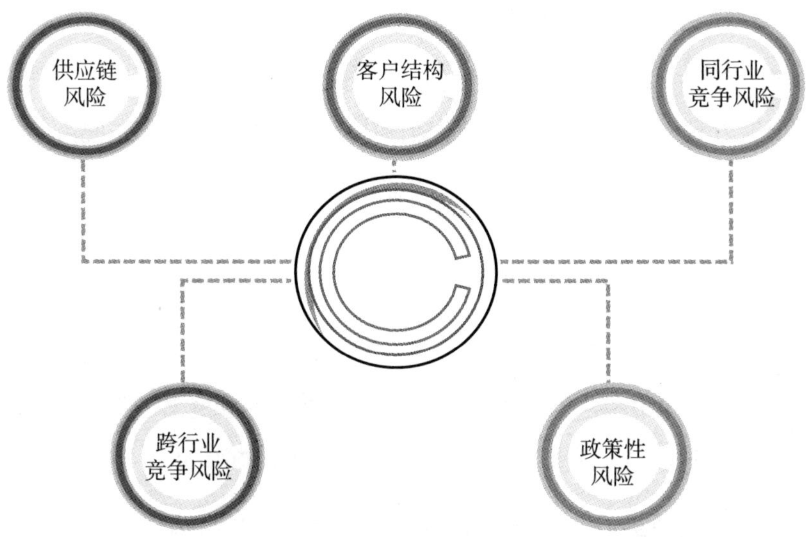

图 2-7　中小企业战略转型可能遇到的 5 个潜在风险

（1）供应链风险

供应链最容易出现风险，这是因为完整的供应链包括上中下游多个环节。而且，这些环节相互依赖，相互影响，只要任何一个环节出现问题，其他环节也可能受到影响。

以制造业为例，供应链方面的风险多出现在上游环节。如果上游企业的原材料价格毫无预兆地上涨了，那么中游的工厂、下游的销售商必然也会陷入经营困难。

（2）客户结构风险

客户对于任何企业都至关重要，这种重要性不只体现在数量上，更多是结构上。客户结构不合理就是一种潜在风险。例如，很多中小企业非常看重大客户，从而忽略了对小客户的服务。那么，大客户是不是越多越好呢？并不全是。当大客户带来的收益占比超过 90%、单个大客户占比超过 30% 时，说明该企业过于依赖少数大客户，存在很大的风险。一旦失去这些大客户，或客户的创收能力减弱，企业的盈利将得不到保障。

从客户需求角度看，客户结构越多样化，越有利于应对市场的不稳定性。有一项研究发现，客户需求每3年就会产生一个代差，这些代差使需求愈发不稳定，而合理的客户结构可以很好地弥补这些代差，让企业在战略转型中时刻占据主动。

（3）同行业竞争风险

同行正常的竞争是不会带来太大风险的，风险主要是源于恶性竞争。很多中小企业习惯将同行看成纯粹的竞争对手，不惜展开恶性竞争。其实这是不明智的，同行之间虽然有竞争，但不能恶性竞争，否则就是杀敌一千、自损八百。

现代竞争不再是“你死我活”，而是更高层次的竞争与合作。现代企业不能再追求“单赢”，而是“双赢”和“多赢”。雷军在某次路演时说：“小米有一个非常透明、向上、健康的企业文化，我们的宗旨是希望把敌人搞得少少的，把朋友弄得多多的，小米坚持广结善缘，这也是我们在很多事情上包容度都特别大的原因。”

合格的企业经营者需要成熟的心智和卓越的外联能力，面对竞争对手不但要敢于竞争，还要有合作意识。今天抢了同行一个大客户，谁又能保证未来自己的客户不被别人抢走？正确的做法是以双赢和共赢为导向，追求双方长期共存、可持续发展。

（4）跨行业竞争风险

自从互联网崛起，“跨界”这个词已经人人皆知。因此，企业风险不能只看眼前的同行竞争对手，更要看隐藏的跨行业竞争对手。

例如，一些处在千亿元、万亿元级大赛道的实力强劲的企业为规避本赛道的激烈竞争，倒逼自己去细分赛道开拓新市场，这对中小企业无疑是降维打击。这种风险就属于跨行业风险，而且未来这种趋势会越来越强。

（5）政策性风险

企业转型能否成功，很大程度上依赖国家相关政策。例如，国家的土地控制、能源消耗、环境保护、信贷税收等政策每一项都关系着企业转型的成败。

国家政策会带来红利，但也会带来潜在风险。对于政策风险，企业要做的是多预判、多分析，扬长避短。一项政策的出台是有迹可循的，企业需要多关注，尽量规避政策风险，将损失降到最低。

例如，K12 教育校外培训问题。因国家出台了多项整顿政策，很多从事 K12 教育的培训机构要么破产，要么被迫转型。然而，由于时间紧促，很多机构即使进行了转型，效果也没有预期好。政策的收紧成了校外培训机构最大的风险。

其实，关于 K12 教育培训机构是否应该调整和取缔的争论，多年前就已经出现。企业经营者如果能够多一些关注，并对其变化、动向进行准确预判，就可能将风险控制在可控范围之内。

2.3　战略定位：痛点在哪里，机会就在哪里

企业要想打开市场，需要一个核心定位。这个定位便是战略定位，它是全局的中心、攻破市场的核心。经营者可以为企业的长远发展找到更多机会，只

有找到机会并紧紧抓住，战略才算真正有价值。

2.3.1 角色定位

战略定位可以分为两部分，一部分是角色定位，另一部分是价值主张，即以什么样的角色为用户提供独特的、差异化的价值主张。

YZ是昆山的一家从事模具行业服务咨询的企业，其定位是为模具制造厂提供一站式的赋能服务。该企业原本也是一家传统的模具制造厂，从事模具生产和销售。由于昆山有上百家类似的模具厂，业务类似，生产的产品也高度相似，竞争非常激烈，该企业才有了后面的转型。

模具行业的目标受众非常窄，尤其是处于产业链最底端的模具生产与销售企业，只能为终端使用者服务。鉴于此，该企业自2020年开始转型。两位“80后”创始人意识到单纯依靠低维度的产品竞争，未来企业的发展肯定会越来越难；要想寻求更长远的发展，必须在高维度领域开辟新市场，寻找新机会。

于是，YZ公司对自身的发展战略进行重新定位，决定从传统B to B企业向F to P企业转变，服务对象从终端客户向同行转变。2020年，宜兴引进昆山外溢的模具产业，准备新建一个模具产业园。趁此机会，YZ公司在宜兴建立了新的基地，先后吸收8个创客组；同时进行内部改制，所有员工全部改成创客，以前是直招模具工人，现在是对工人进行技能培训，为同行提供技术型人才。

YZ公司是一个典型的战略定位转型成功的案例。该公司知道自己当下的痛点是什么，并基于痛点及时调整战略，从传统的生产制造商转变成为同行赋能的服务型企业，将服务对象从终端客户转变为同行，提供从供应链到标准化生产、再到人才培训的一站式服务，从而实现了与同行的差异化发展。

上述案例说明，中小企业要想成功实现转型，就要知道自己的痛点在哪儿。痛点背后往往孕育着新机会。哪里有痛点，哪里就有机会；谁发现痛点，谁就能抓住机会。好的企业从不闭门造车，而是时刻关注变化趋势，发现趋势背后的机会并顺势而为。

2.3.2　价值主张

在对战略进行定位的过程中，还有一个重要的概念不可忽略，即价值主张。其全称为客户价值主张（Customer Value Proposition），是对客户真实需求的深入描述，即企业为客户提供的产品或服务有什么价值、是否符合客户需求。

爱彼迎（Airbnb）是一家房屋短租服务公司，其价值主张是“让每个前来住宿的客户都有回家般的感觉”，简单地说就是宾至如归。所以，爱彼迎的广告标语是“欢迎回家”，也符合其提出的价值主张。

体育运动品牌耐克（Nike）的价值主张是“勇敢做自己”，鼓励人们放手去做，突破极限，无论在运动时还是在生活中都要勇敢做自己。耐克的广告标语“JUST DO IT”也很符合这个价值主张。

除此之外，还有麦当劳，其价值主张是“给顾客带来欢乐”，其提倡的精髓是永远年轻，因此它的广告语是“我就喜欢”；李宁的价值主张是“为年轻消费群体的梦想创造无限可能”，因此它的广告语是“一切皆有可能”。

上述案例都说明价值主张不仅能够为消费者提供利益，而且代表了品牌对社会、对人的态度和观点。因此，价值主张与产品（服务）、用户需求是密不可分的，三者构成了非常稳固的强关系，如图 2-8 所示。

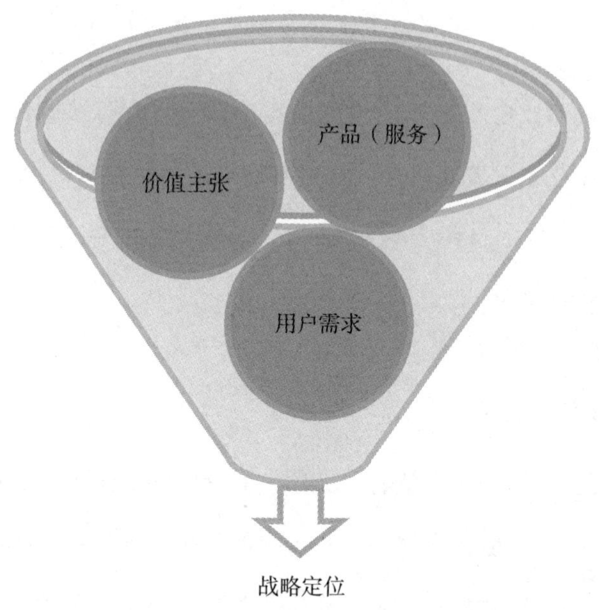

图 2-8　价值主张与产品（服务）、用户需求的关系

2.4　战略周期：踏准周期，事半功倍

通过对行业生命周期的分析，可以更好地理解行业所处的阶段、发展现状及未来趋势，从而指导企业根据行业生命周期制定相匹配的发展战略，确定战略周期。

2.4.1　企业所处的行业生命周期

企业的生存、发展深深依赖行业。当行业处于成长期或成熟期时，企业的发展潜力就很大；当行业处于整合期或涅槃期时，企业的发展就会比较困难，即使暂时领先，后劲也明显不足。因此，经营者一定要判断自己的企业处于行业生命周期的哪一个阶段，只有踏准周期，才能事半功倍。

任何行业的发展都会经历以下 5 个阶段，而且每个阶段都隐藏着巨大的战略机会。

（1）起步期

“风还没有开始吹，你只能预判风起的样子。”行业起步期就是这样一个阶段，在该阶段刚刚出现一些消费需求，产品还没有完全得到验证，商业模式也不成熟。有巨大利益，也有潜在风险及诸多不确定性。

起步期是远见者才能把握住机会的阶段，他们看到了行业的未来趋势，并且会利用趋势，结合自身优势坚定地前行。

水锤消除器行业在国外已经非常成熟，但就国内市场而言尚处于起步期，最近两年制造水平持续提高。台州有家企业的水锤消除器生产技术已经在国内遥遥领先，这成了一大优势，帮助其在技术上建立了竞争壁垒。

我国水锤消除器行业的发展虽然不及发达国家，但家用类产品在国内市场却呈现很大的发展空间，复合年均增长率（Compound Annual Growth Rate，CAGR）远高于全球平均水平。2015—2020 年国内 / 全球家用水锤消除器的 CAGR 对比如图 2-9 所示。

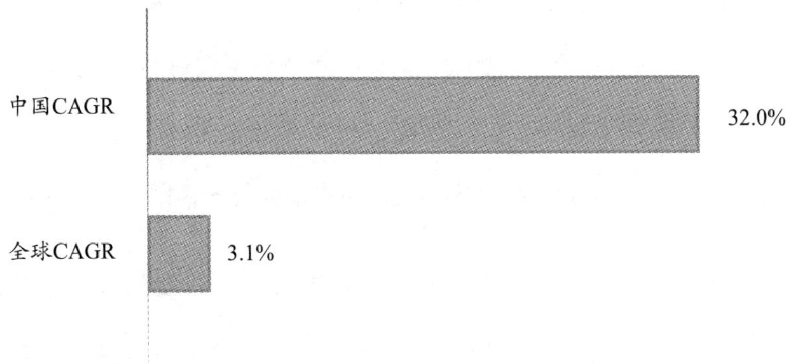

图 2-9　2015—2020 年国内 / 全球家用水锤消除器的 CAGR 对比

（2）成长期

行业成长期是企业扩大再生产的主要阶段，处于行业成长期的企业增长速度非常迅猛，产业关联度强、需求大，市场容量也十分大。

处于行业成长期的企业具有的最明显的特征就是都在跑马圈地，开足马力抢占市场。以新能源汽车行业最为典型。2017—2022 年我国新能源汽车销量逐年上涨，2021 年全年销量超过 350 万辆，2022 年全年销量达到 688.7 万辆，比上年增长 93.4%，市场占有率也达到了 25.6%。这一数据已超越《新能源汽车产业发展规划（2021—2035 年）》中提出的“2025 年新能源汽车市场渗透率达到 20%”的目标。

由此可见，新能源汽车行业上升的发展趋势已经很明显。随着关键技术的突破，如超强的储能设备已经面世，再加上驾驶舒适感好、智能性强，未来还有数倍的增长空间。当前唯一的障碍是充电问题，当电池技术取得突破时，新能源汽车行业的增长率还会升高。

（3）成熟期

行业在经历一段时间的高速增长后都会进入成熟期。此时，市场需求进一步稳定，技术标准化程度高，行业竞争格局逐步形成。这是一个优胜劣汰的阶段，行业集中程度越来越高，竞争也越来越激烈。有竞争优势的企业会成为行业头部、龙头企业，主导整个行业的发展趋势，处于竞争弱势的企业则会慢慢被淘汰。例如，LED 照明行业已经进入成熟期，龙头企业很多。有人认为，在行业成熟期已经没有太多的发展机会。其实不然，关键是要善于采用正确的发展策略。

木林森照明公司打通了整个产业链的上下游，进行垂直一体化整合：首先，与开发晶照明公司、澳洋顺昌公司等建立非常稳固的战略性合作关系，从而解决了芯片和产品力的问题；其次，收购德国品牌 LED Vance 并进一步整合，产生了强大的协同效应；最后，明确自身定位，主打中高端品牌，这是处于行业成熟期的企业常采用的降维打法。

木林森的发展路径如图 2-10 所示。

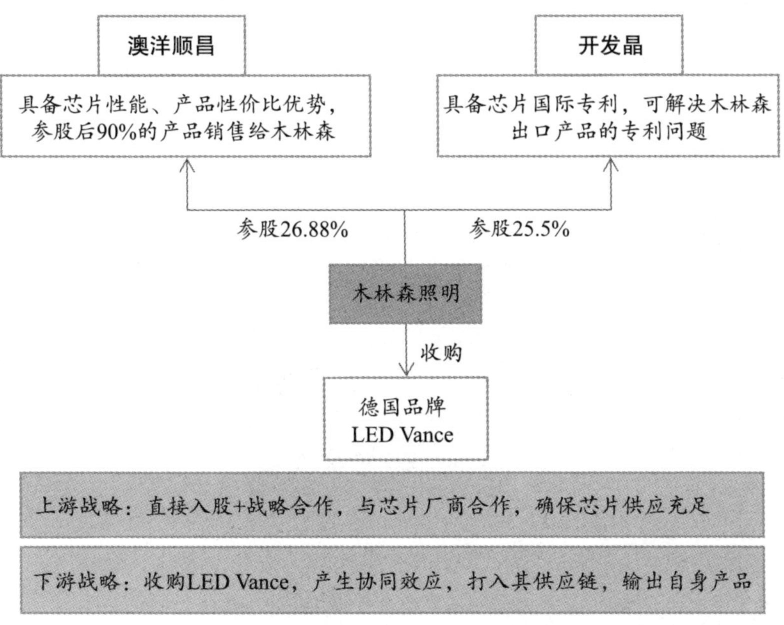

图 2-10　木林森的降维打击发展路径

（4）整合期

一个行业在经过成熟期后会陷入低潮，进入整合期，主要表现为产能过剩、需求下降、竞品增多、企业增长速度减缓甚至停滞。这对于中小企业来说是极其不利的。

处于这个阶段的企业需要做的是整合多方资源、优化自身配置、降本增效，实现从衰退到逆生长的跨越。

X 企业是做手机构件的，该行业正处于整合期，人效特别低。例如，2020 年 11 月单月 6000 万元产能需要近 4000 人才能完成。后来，该企业进行资源整合，工作效率才得到大大提升，同样的工作量只需要1600多人即可完成，人效大大提高。

为了寻求更多的优势资源，一年后，X企业与下游的一家大型ODM厂商进行战略性合作，成为战略合作伙伴。通过内部机构的优化和升级，职能部门、财务中心、智能中心、品牌中心实行独立核算制，实现了一体化降本增效，具体如图2-11所示。

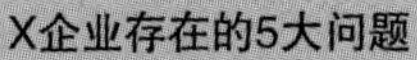

1.生产工艺落后
2.自动化水平低
3.熟练工比例低
4.基层管理人员多
5.生产浪费严重

结算机制

交付周期

结算周期

构建前中后端价值一体化的平台化组织，实现降本增效

索赔机制

严重制约了企业的利润增长和组织效能提升

设置平台化组织结构，并对各利润中心设置内部独立核算机制

图2-11　X企业内部机构的优化升级

（5）涅槃期

涅盘期也称衰退期。处于这个时期的行业，最大特征是市场需求大幅缩小，增长潜力明显有限，产品销量急剧下降，利润很低，不盈利的产品逐渐退出，大量腰部或尾部企业被迫出局，行业新进入者很少且不受欢迎。

尽管处于这个时期的行业在走下坡路，但并不意味着全是危机。对于行业中那些头部企业来说就是“危中带机”，它们可以通过低价并购实现对行业的垄断。因此，行业涅盘期也为不少企业的逆势发展提供了机会。

户外广告是一个传统行业。近年来，随着新媒体的蓬勃发展和市容市貌管理整顿，各大城市的户外广告资源呈下降趋势，而户外大牌资源一般都在当地城投公司手里。为了资源的稳定性，广告公司通过直接持股或混改的方式引进当地城投作为股东，实现有限的资源垄断，在稳定主营业务的同时进行创新业务发展，向 TMT 赛道转型。

2.4.2　企业所处的产业链生命周期

确定企业发展战略的周期，不但要研判企业所处的行业生命周期，还要分析企业所处的产业链上下游生命周期。这种周期的分析有利于企业更精准地找到产业链中的隐藏需求，特别是处于成长期和成熟期的企业更容易获得发展机会。

模具制造业是一个比较成熟的行业，正处于全力扩展期。该行业的产业链上游有原材料行业，处于整合后期；下游有传统汽车制造行业，处于整合期，也有新能源汽车、智能家电等行业，处于成长期。模具制造业所处的产业链上下游生命周期的具体情况如图 2-12 所示。

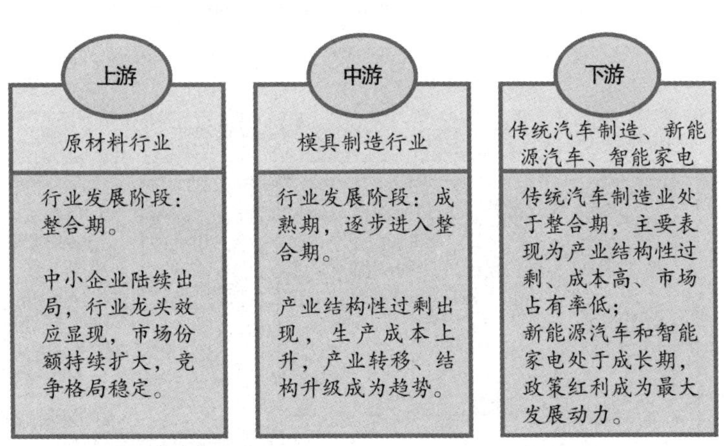

图 2-12　模具制造业所处的产业链上下游行业生命周期

产业链上下游行业处于不同的生命周期，孕育的机会不同，具体做法也不同。例如，上游行业处于成长期或成熟期，成长期关键是确保增速的稳定性，成熟期则要确保有足够的竞争力。

这里还有一种特殊情况要格外注意，即如果上游行业处于整合期，下游行业也处于整合期，中游企业的生存将会很困难。因为整合期意味着高度集中，上游集中，下游集中，中间就会极其难受。前文讲到的模具制造业就属于这种情况，上下游行业都处在整合期。

企业针对这种情况有两种破局方法：如果资金比较充裕，可以做升维整合；如果资金不是很充裕，可以做降维整合。升维整合是很多上市公司实现价值增长的常见手段，即对一些价值被低估的产业链企业进行并购。降维整合是中小企业融入产业生态，通过引入产业或战略股东与关键资源进行绑定。这样做的好处是实现经营的稳定性。

2.4.3 行业生命周期与战略选择

行业生命周期影响着企业的发展战略。一般来讲，一个行业的生命周期有 5 个阶段。相应地，企业也有 5 种发展战略，具体如图 2-13 所示。

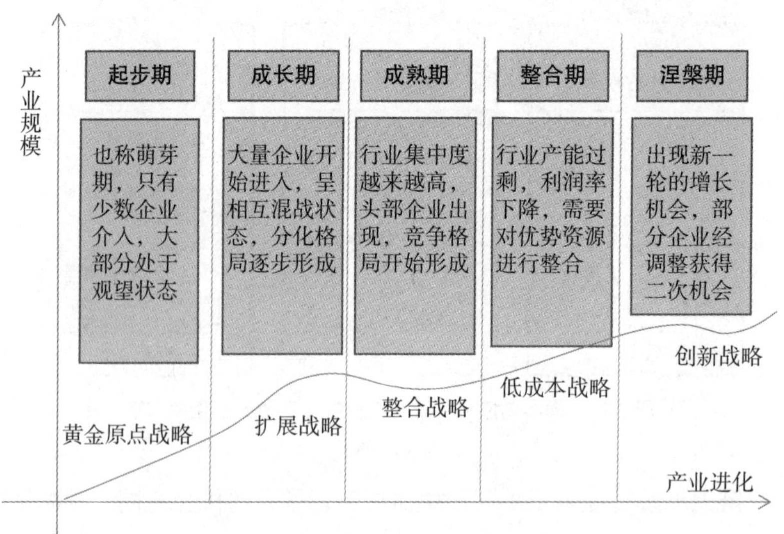

图 2-13 行业生命周期与战略选择

（1）黄金原点战略

黄金原点战略是处于行业起步期的企业实现增长的主要战略之一。因为这个阶段的企业都是在试探性前行，行业内也没有太多的强大竞争对手，即使部分企业实现了疯狂扩张，也不足以改变整个行业的发展态势。

可以说，这时大家几乎都处于同一起跑线，最适合使用黄金原点战略。黄金原点战略强调的是现有价值，提倡以最小成本、最优的黄金业务做确保可以盈利的部分，同时以最小的投入验证未来的商业模式。例如，做连锁品牌不必痴迷于规模，一下开很多店，而是可以先打造一家或两家试探市场。

（2）扩展战略

扩展战略是处于行业成长期的企业经常采用的发展战略。在这个阶段，很多中小企业经营者常犯一个错误，即将毛利润定得很高。

企业在该阶段绝对不能一开始就追求高毛利润，而是先扩大经营规模。因为无论什么行业，成长期都是所有周期中最短的，可能一两年就没有了。处于这个阶段的企业，主要任务是加快扩张速度。如果做线下业务就要选对模式，加大投资，跑马圈地，迅速开店；如果做线上业务就要优化渠道，从单一渠道到多渠道，从单一门店到多门店。

（3）整合战略

行业进入成熟期，市场日趋成熟，行业集中度越来越高，增速也开始放缓。该阶段采用的战略是整合资源。

用一句历史名言概括整合资源的核心，就是“高筑墙、广积粮、缓称王”。“高筑墙”是指通过整合产业链里高价值的资源，建立壁垒，如技术、品牌、团队等。“广积粮”是指现金为王、利润为王，企业要增加现金流，越多越好。这也是处于该阶段企业融资相对较多的原因，A 轮融资大多数都是在这时完成的。成熟期过后是整合期，处于整合期的企业竞争更为“惨烈”，利润都在下滑，所以在成熟期就要“广积粮”，完成资金、资源的储备，以及壁垒建设。

“缓称王”是指做行业龙头。经过前两个阶段的积累，企业已经有了一定的基础，逐步步入正轨，有些甚至成为行业龙头。需要注意的是企业在这时一定要低调，各方面都要低调。就像做人一样，在顺风时最容易迷失自我，失去忧患意识，很多企业都是刚达到巅峰即开始走下坡路。

（4）低成本战略

进入整合期的企业就像进入决赛阶段的选手，拼的是硬实力。对于企业而言，硬实力就是资本。而高资本与低成本是此消彼长的关系，企业要在保证产品品质的前提下降本增效。

因此，处于行业整合期的企业就是打“持久战”，成本越低，企业生命力越长，这就是所谓的低成本战略。在该阶段，企业要不断地提升自己的成本优势。因为一旦遇到有实力、有资源的强大对手，企业没有足够的成本优势是很难对抗的。

（5）创新战略

创新战略是处于涅槃期的企业的主要发展战略。因为该阶段企业在市场中的格局已基本形成，如果没有新技术、新机制激活，很快就会被淘汰。即使有实力、有资本的大企业，如果创新能力跟不上，也会很快被有创新能力的企业超越。

所以，处于涅槃期的企业必须善于创新，而且是全面创新，突破发展瓶颈，进入新一轮发展之中。

2.4.4 如何选择中意的行业

产业分为第一产业、第二产业和第三产业。第一产业包括农业、林业、牧业、渔业等；第二产业包括工业和建筑业等；第三产业包括除第一、第二产业以外的其他产业，又可以分为四个层次。

第一个层次是流通部门，包括交通运输业、邮电通信业、商业饮食业、物资供销和仓储业。

第二个层次是生产和生活服务部门，包括金融、保险业、地质普查业、房地产、公用事业、居民服务业、旅游业、咨询信息服务业和各类技术服务业等。

第三个层次是科学文化和居民素质服务部门，包括教育、文化、广播电视事业，科学研究事业，卫生、体育和社会福利事业等。

第四个层次是社会公共服务部门，包括国家机关、政党机关、社会团体，以及军队和警察等。

以上是从产业角度进行的划分，从行业的角度又可以分为 20 个门类、97 个大类。其中属于第一产业的有 1 个门类，下分 5 个大类；属于第二产业的有 4 个门类，下分 45 个大类；剩余的 15 个门类、47 个大类属于第三产业。

97 个大类还可以进一步细分，如烘焙食品制造、棉纺织、印染精加工等 473 个中类；473 个中类最后细分出如糕点、面包制造、棉纺纱加工等 1380 个小类。

例如，餐饮业在一级产业里属于第三产业；传统的 8 大菜系可以划归第二级；继续细分，8 大菜系下面如粤菜中的蔡澜点心是第三级。随着整个行业赛道越来越细分，市场会越来越集中，需求也会越来越垂直。

在这个细分过程中，选择就显得非常重要。那么，如何进行行业选择呢？

（1）行业规模

在进行行业选择时，行业规模是一个非常重要的参考依据。行业规模大小对行业选择的影响非常大。行业规模较大的，如千亿元级、万亿元级规模的行业，优势是可选择的余地大，劣势是生存的难度也大，就像大海里的小鱼，面对大鱼竞争对手越强，越难存活。

行业中有个隐形规则，即千亿元级以上规模的行业，资本基本不再青睐，因为这个赛道的头部企业都集中在二级市场。例如，某行业市场规模预计1000亿元，那么企业就要谨慎介入这个行业。因为即使市场占有率达到30%，也只有300亿元的水平。即使按照高占有率50%计算，面对数千家甚至更多的企业，盈利空间仍不会太大。强行介入的结果就是要么换赛道，要么对战略进行重大调整。所以，对于中小企业而言，很多时候根本不必跻身更大的市场；相反，做细分市场或者创造一个新的赛道也许更好。

在茶饮行业，知名品牌有很多，成熟的企业更是不在少数，但这并不代表中小企业、新生品牌就没有一点机会，关键是做好细分市场和差异化发展。最具代表性的是元气森林。

元气森林是一个新锐品牌，发展非常快。它的生存逻辑就是深耕细分市场，以健康为着眼点，迎合普通大众非常重视健康的新消费需求。气泡水、苏打水的口感不好，碳酸饮料不健康，元气森林着眼于做健康又好喝的茶饮，抓住“0糖0卡0热量”这个关键点，填补了市场空白。

（2）找到浅蓝赛道

中小企业在选择行业规模时要选择浅蓝赛道。这里的赛道可以理解为市场规模，市场规模较大的称为红海赛道，市场规模较小的称为蓝海赛道。浅蓝赛道是介于红海市场和蓝海市场之间的一种市场，通常具有3个特点，如图2-14

所示。

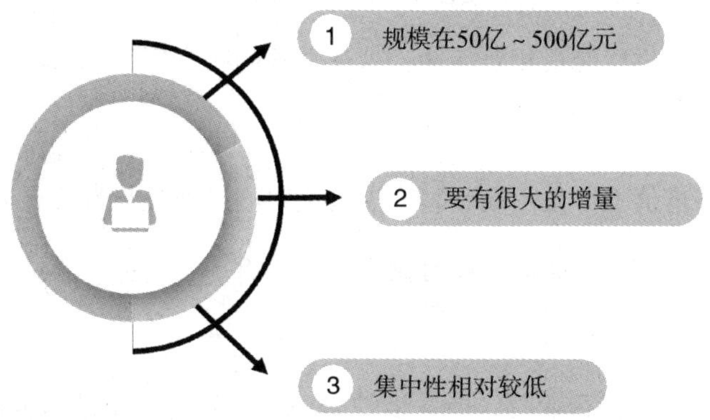

图 2-14　浅蓝赛道的特点

各行各业都能找到自己的浅蓝赛道，此赛道的行业集中度低，竞争相对小。在对赛道的判断上，经营者可通过 CR3（前 3 大企业）、CR5（前 5 大企业）、CR10（前 10 大企业）的市场占有率判断赛道的集中度。集中度越高，中小企业的参与难度越大。如果行业的 CR3 或 CR5 达到 50% 以上，就属于高集中度行业，代表该行业已有绝对头部企业。

当赛道集中度很高时，即使规模在 50 亿～500 亿元，中小企业也很难有出头之日。以智能手机为例，10 年前智能手机的渗透率只有 30%，现在是 100%，这意味着该行业未来难有很大的增长空间。

（3）挖掘上下游行业痛点

前文讲到上下游行业的集中度越高，上下游企业就越有相互靠近的趋势，中游企业生存越困难。鉴于此，中游企业往上游或下游突破，或贯穿上下游，成为很重要的战略突破点。这个战略也被称为产业一体化战略，其核心是搞清楚全产业链的高价值点在哪里。

以家纺业为例，该行业的产业链中，高价值点在印染环节。印染环节在以前不是高价值点，现在却是，这与近两年印染厂大量减少有关。“金山银山，不如绿水青山”，出于环保的要求，我国关闭了一大批不合规的印染厂。而下游的需求没变，供给变得相对稀缺，这样合规的印染厂便成为产业链中的高价值区域。

所以，高价值点不是市场和客户需求决定的，而是与政策有关。有些行业必须看政策、懂政策，类似的还有制衣厂、成衣厂、面料厂等。上游高度集中都是国家政策推动的结果。

中小企业在选择行业时，要深度挖掘整个产业链上下游行业的高价值点。通过详细调研，分析每个环节的价值点所在，并基于价值点给出切实有效的解决方案。只有抓到了全产业链的最高价值点，中小企业才能为市场提供高价值的产品或服务。

2.5 商业模式：从一锤子买卖到一辈子买卖

中小企业发展艰难的一个主要原因是没有自己的商业模式。商业模式解决的是一辈子买卖的问题，是企业整合内外部所有要素后形成的完整、高效，且有竞争力、可持续盈利的商业系统。商业模式的设计可从交易结构、商业架构、盈利模型 3 个层面进行。

2.5.1 交易结构的迭代和演变

交易结构是指各个业务活动间的交易关系。基于不同的业务活动形成的交易结构有所不同，不同的交易结构则形成了不同的商业模式。很多中小企业没有自己的商业模式，很大一部分原因就是交易结构出了问题。

完整的业务活动流程如图 2-15 所示。

图 2-15　完整的业务活动流程

业务活动由供应商、贸易商、企业、渠道商及客户等多个业务主体构成。每个主体代表一个交易流程，一环连一环，环环相扣，共同构成了交易结构。当然，交易结构也会随着交易形式的变化而变化。

交易结构的演变大致经历了以下 4 个阶段。

（1）传统时代

传统时代又称为 1.0 时代，这个时代的交易结构比较简单，是 F to B to C 模式。F 即工厂（Factory），代表产品的生产环节；B 即品牌（Brand），代表产品的销售环节；C 即顾客（Consumer），代表接受产品或服务的群体。

传统时代的交易结构如图 2-16 所示。

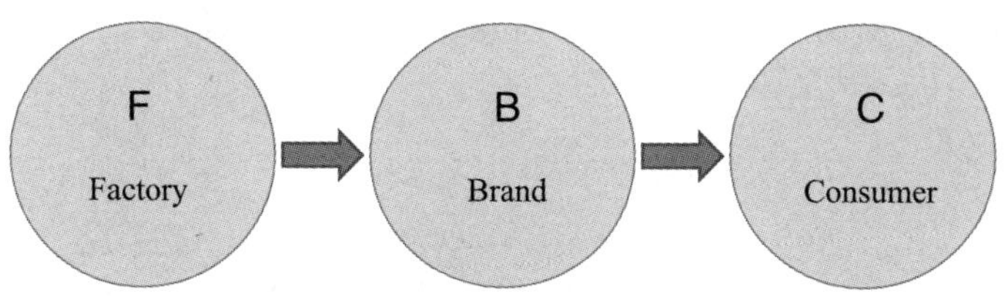

图 2-16　传统时代的交易结构

该结构是第一代商业模式的基础，3000 年前出现的物物交换就是这个模式的雏形。当时，交易双方不需要货币，只要谈好一个交换比例直接以物换物。随着商业文明的进步，中间媒介货币出现了。工厂生产出产品后集中在一个地方（集市）卖掉以换成货币，然后去买生产产品所需要的物料。

现代商业兴起后，集市变成了商场，中间渠道也逐步完善，给消费者的服务和体验越来越好。例如，有了品牌商，品牌商通过 B 端渠道为 C 端消费者提供产品和服务，这就是第一代商业模式。

目前，大多数 OEM 代工、ODM 制造厂基本都是采用这种模式。其优势是简单、高效，劣势也很明显，就是利润非常低。如果加上运营成本的持续升高，利润会更低。

（2）电商时代

电商时代是 2.0 时代，以美国亚马逊、易贝的出现为标志，随着互联网技术的发展，目前已经形成了非常完善的交易体系。

电商时代的交易结构是去中心化的。传统时代的交易结构中间环节较多，如一级代理、二级代理、三级代理，或省级代理、市级代理等。层级越多，效率越低。电商时代的交易结构则提倡砍掉中间环节，中间环节少了，渠道成本下降，交易效率就会大大提升。

电商时代的交易结构依托电子商务平台，所有交易都可以在平台上实现，工厂、品牌商、渠道商、贸易商所有角色都可以在平台上获得真实及有效的信息。

电商时代的交易结构如图 2-17 所示。其中，O 是指线上（Online）交易平台。

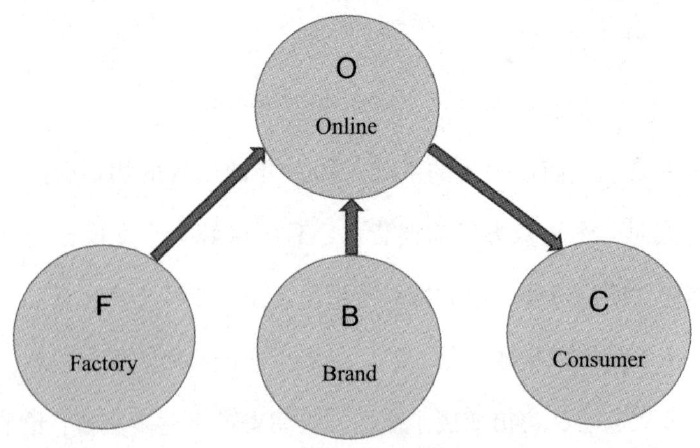

图 2-17　电商时代的交易结构

（3）新零售时代

新零售时代是 3.0 时代，被称为电商时代的延续。随着移动互联网、大数据、人工智能等技术的飞速发展，整个商业都与互联网紧密联系在一起，新零售时代全面到来。新零售是指依托互联网，通过运用大数据、人工智能等先进技术，对产品的生产、流通与销售进行升级，对线上服务、线下体验及现代物流进行深度融合，进而重塑业态结构与生态圈的新商业模式。

2018 年后出现了很多新零售品牌，如盒马鲜生、三只松鼠、良品铺子、无印良品、来伊份等，都是典型的新零售商业模式。

新零售时代的交易结构如图 2-18 所示。其中，S 是赋能平台。

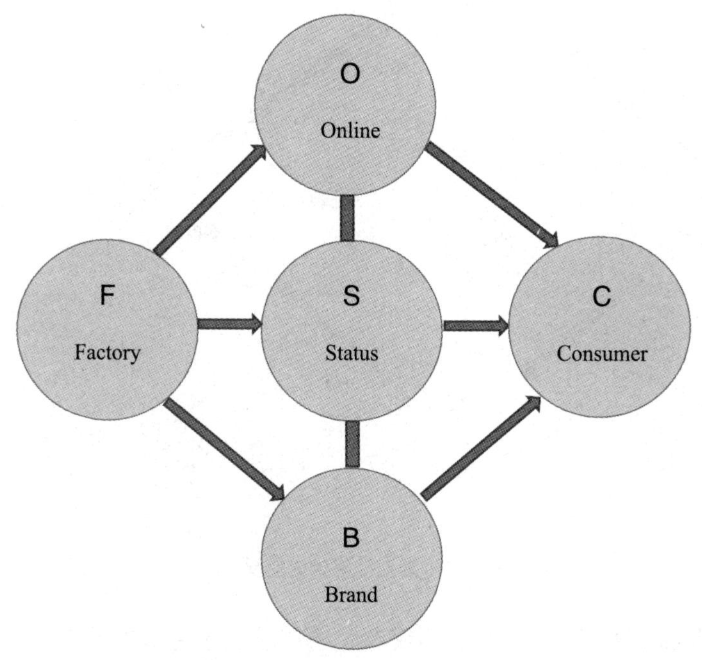

图 2-18　新零售时代的交易结构

新零售时代的交易结构增加了赋能平台，能力包括供应链赋能、品牌赋能、技术赋能和数字化赋能，也是与以往交易结构最大的不同之处。赋能功能打通了线上和线下渠道，为用户提供全方位的服务。

（4）新商业时代

卖东西分为两种，一种是卖产品，另一种是卖服务、卖体验。新商业时代就是这样一个时代，是对服务和体验消费的重大升级。

新商业时代又叫 4.0 时代。3.0 时代解决的是线上购买效率问题，4.0 时代则把消费体验转移到了线上，使两者进一步融合，完美地解决了购物与体验分离的问题。所以，4.0时代的核心就是做服务与体验，交易结构如图 2-19 所示。

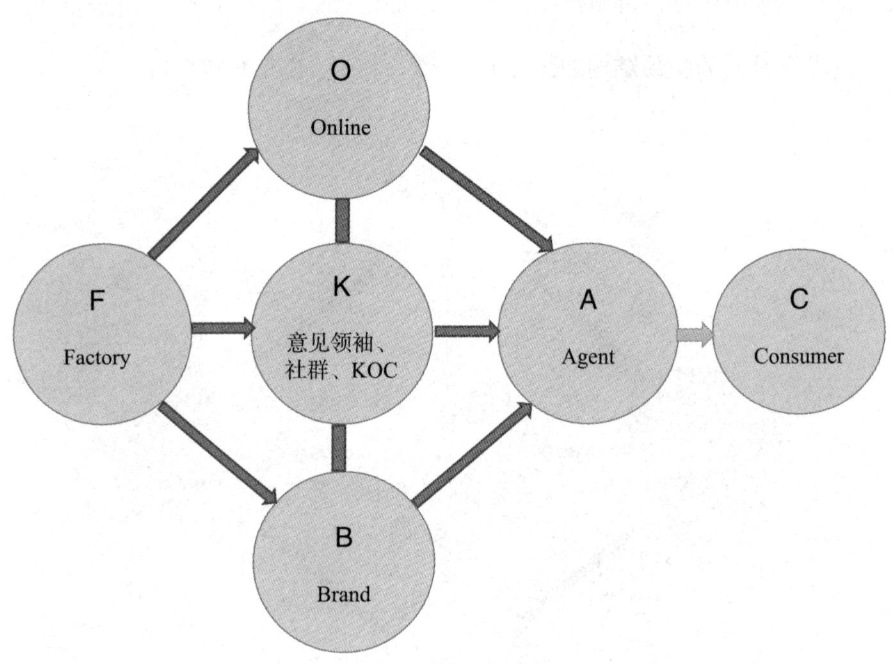

图 2-19　新商业时代的交易结构

也就是说，4.0 时代生产的不仅有实物产品，还有虚拟的内容型产品。内容具有多样性，图文、视频和直播等极大地丰富了用户体验，所以转化率更高，粉丝的黏性也更强。谁生产的内容越优质，谁就越能吸引消费者的注意，消费者就对谁的产品更感兴趣。

时代的变化使商业模式也不断迭代，不断创新，而且迭代速度越来越快。中小企业经营者必须看到这些变化，并善于拥抱变化，把握时代脉搏，站在潮流的前沿，享受每次商业模式变革带来的红利。

2.5.2　交易结构延伸出的交易形式

很多中小企业之所以没有好的商业模式，是因为交易结构比较单一。纵观那些大型企业，它们的交易形式往往是多个交易结构的组合。组合后交易效率更高，盈利能力更强，触达用户的能力也更强。常用的交易形式有以下 9 种。

（1）F to C

F to C 是从工厂到消费者，即工厂生产、销售一体化，或者通过为品牌商做代工，将产品直接送达消费者的一种交易形式。这种形式的优势是可以最大限度地确保产品的品质，低成本地为消费者提供产品。

KD 门窗是位于上海的一家门窗定制企业，凭着丰富的门窗定制经验、全流程定制服务，短短几年成长为定制门窗领域的“专家”。2018 年，它还是一家问题频出的企业，其中最大的问题是交易形式，盈利经常受制于渠道商。

后来经过笔者辅导，该企业采用了直销的方式，彻底改变了这种窘境。当年，仅“双 11”一天的业绩就相当于以往全年的 1/3。实行直销方式一年后，公司整体业绩翻了两番。

直销是将消费者直接邀约至工厂，依靠体验路演的形式让消费者更加清晰地了解产品。这种方式本质上就是 F to C，通过现场体验让消费者直接感知产品的优势，从而带动销售。

（2）B to C

B to C 即从商家到消费者，是电商中最常见的一种形式，多见于网络零售业，如京东、唯品会等；具体是指借助互联网、独立网店系统进行在线销售，按照性质可以分为以下 4 种形态：

①综合商城：买方和卖方呈现一对多的关系；

②百货商店：买方和卖方呈现多对一的关系，如亚马逊中国、京东、当当网等；

③垂直商店：服务于某些特定人群的需求，提供有关这个人群需求的全部产品、更专业的服务，如红孩子、得物等；

④复合品牌店：专营复合品牌的商店。所谓复合品牌是指对同一种产品赋予两个或两个以上的品牌。

（3）D to C

D to C 即从品牌商到消费者。这种形式对品牌的要求较高，一般需要极致化的品牌定位和极致单品，以满足消费者物质层面和精神层面的双重需求，实现品牌溢价。

Outer 是一个将户外生活理念做到极致的家居品牌，其充分结合用户的使用场景，并抓住痛点，引爆用户的双重需求，让用户得到极度满足，然后通过用户满意度提升复购率。

（4）F to B

F to B 即从工厂到商家，涵盖 OEM、ODM 及线下分销和直销等。这种形式在服务业运用较多。例如，现在很多汽车服务行业十分注重服务，采用的就是这种形式。服务对象非常广，包括品牌商、厂家及经销商等；服务类型也很全面，涵盖售前、售中和售后全流程。

（5）F to P

F to P 即从工厂到同行，是一种整合式扩张，可以将小、散、乱的工坊进行有效整合，实现对同行的轻资产整合。这种形式特别适合规模化、标准化、流程化较高，产能受限或劳动力资源受限的企业。

某做房屋外立面服务的企业经常遇到这样的困扰：一旦出现问题，涂料方和施工方就开始推卸责任。后来，该企业经过一系列并购，形成了涂装一体化经营模式，不但解决了涂料方和施工方互相扯皮的问题，还提升了双方的收益。例如，之前涂料方和施工方各赚 10%，整合后能赚 20%。这样将合理的利润让给客户，既保障了品质，也提升了竞争力。

（6）S to B to C

S to B to C 是 B to C 的一个分支。B to C 一般为直营，而 S to B to C 则需要上游供应链平台的支撑，如淘宝。在整个链条中，淘宝作为中间平台连接着上游厂商和下游消费者。

智能玩具车共享平台“小司机”完美解决了家长的一大困扰。该平台于 2017 年 7 月在杭州成立，是我国第一家儿童玩具车共享平台，为家长带来了便利，也为孩子带来了乐趣。

该平台的运营模式就是 S to B to C，向上与玩具商家合作，向下与社区服务站、物业等合作，将玩具商家提供的车停放在商场、社区儿童较集中的场所，供消费者使用。例如，与物业合作，在小区允许的地方搭建无人值守车棚。儿童玩具车可集中停靠于车棚内，消费者通过手机扫描“小司机”App 二维码、微信公众号、微信小程序、支付宝等即可将车开走，用完后归还原处即可。整个操作基本可以一键式完成，非常便捷。

（7）S to F

S to F 即从供应链平台到工厂，如小米小店、宜家等采用的都是这种形式。

小米公司的产品大部分都是通过小米之家、小米小店和线上销售等到达米粉手中。其中，小米小店是基于米粉的创业需求而专门成立的平台，目的是通过更多的个人拓宽销售渠道，让人人都可以成为小米小店的店长。

小米小店的产品尽管都是以小米的名义在销售，但不全是小米的产品。为此，雷军成立了小米生态，以入股的形式吸引更多品牌参与，将产品投放至小米小店。入股企业达到 140 多家，每家企业都有稳定的产品输出能力，并且品类全、性价比高，符合小米的定位，可充分满足米粉通过小店卖产品的需求。这种交易形式就是典型的 S to F，以平台为工厂赋能。

（8）C to M

C to M 是从消费者到数字工厂的定制形式。例如，衣邦人、红领都采用这种形式，消费者可以直接向工厂下单，进行私人订制。这种形式砍掉了中间商环节，既满足了消费者的个性化需求，又缓解了终端门店库存压货多及退货、返货难等一系列问题。

（9）B to A

B to A 即从商家到代理商。需要注意的是这里的商家多指大规模运营的批发商、省级 / 区域代理等；代理商是指线下门店、商超等 B 端客户，一般不面向 C 端客户。

2.5.3　建立稳定的商业架构

我们在理解商业架构之前，需要先了解什么是架构。架构多用于计算机领域，是对有关软件整体结构与组件的抽象描述，目的是指导大型软件系统各个方面的运作。

架构的概念运用到商业生态，即商业架构，我们可以将其理解为某独立商业生态中对不同商业组织及相互关系的描述。这种描述将交易结构、所有利益相关方、关键资源等结合在一起。

海底捞的交易结构是 S to B/A 赋能式架构，在此基础上形成了立足于品牌，以品牌输出为核心，同时包括解决供应链、智能服务、创投在内的四位一体式商业架构，如图 2-20 所示。

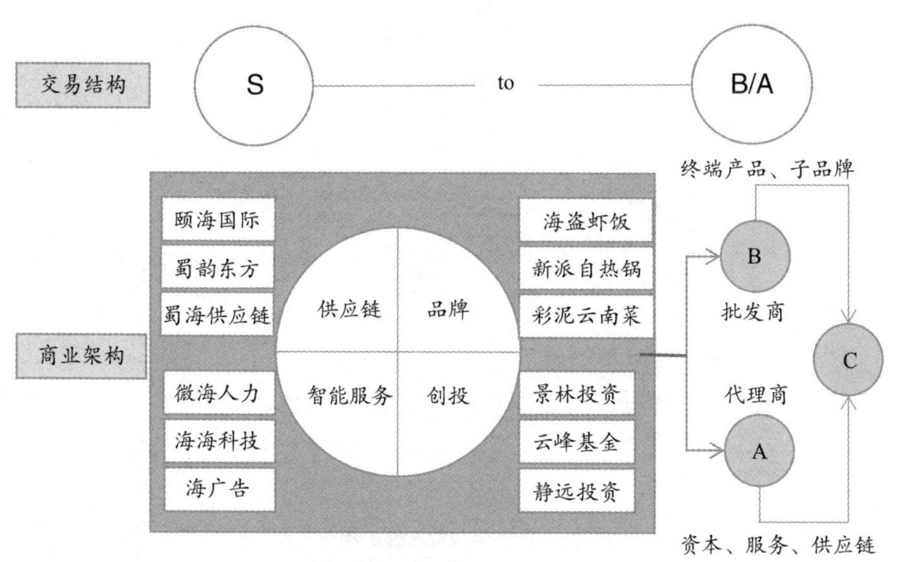

图 2-20　海底捞的四位一体式商业架构

海底捞的商业架构是以品牌为核心，以供应链为着力点，为餐饮全行业进行价值链赋能。在品牌端，围绕主打产品海底捞火锅进行多项细分产品创新，打造特色菜品，如海盗虾饭、新派自热锅、彩泥云南菜；在供应链端，聚集了由颐海国际、蜀韵东方和蜀海供应链三家公司组成的强大的供应链团队；在服务端，以智能为特色，依靠与第三方团队合作来实现，如微海人力、海海科技、海广告等，大大提升了管理效率和赋能效率；在投资端，平台可以赋能自有品牌或景林投资、云峰基金、静远投资等大型客户。

海底捞的四位一体式商业架构具有非常强的稳定性，供应链、品牌、智能服务和创投多点开展，为海底捞的长远发展奠定了基础。

由此可见，打造商业架构的关键在于求稳定。稳定性体现在两个方面，一方面是有稳定的利益相关者，另一方面是有稳定的关键资源，具体如图 2-21 所示。

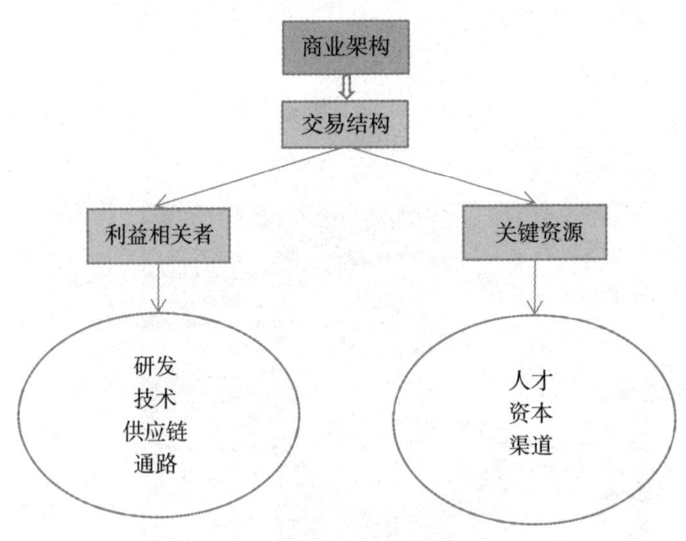

图 2-21　商业架构稳定性的两个方面

研发、技术、供应链、通路都是商业架构中的利益相关者，相互之间是“一荣俱荣，一损俱损”的关系。

关键资源包括人才、资本和渠道三种。人才主要是指战略级人才，即能够帮助企业实现战略级增长的关键人才。战略级人才与业务型人才的最大区别在于很难通过内部培养而获得。

资本在企业的发展过程中扮演着重要角色，规模的扩大需要资本，产品的研发需要资本，日常运营也需要资本。总之，企业要发展就离不开资本。

渠道是指资本的来源。既然资本那么重要，又该如何获得呢？资本的来源主要有间接资本和直接资本两种，分别对应着间接融资和直接融资途径。

间接融资是投融资双方不直接发生关系，分别通过金融机构，以特定形式产生的融资行为。例如，投资方通过存款或购买银行、信托、保险发行的有价证券将暂时闲置的资金先行提供给金融中介机构，然后由金融中介机构以贷款、贴现或购买有价证券的方式将资金提供给融资方，从而实现资金融通的目的。

直接融资是一种没有金融中介机构介入、投资方直接向融资方提供资金的方式。例如，商业信用、企业股票和债券，以及投融资双方的直接借贷。这种方式的好处是可实现投融资双方最大限度的共赢，对投资者来说收益更高，对融资者来说成本又很低。

间接融资的着眼点在过去，直接融资的着眼点在未来。越成熟的资本市场，直接融资的占比越高。例如，美国资本市场的直接融资额占整体融资额的90%。

2.5.4　建立高效的盈利模式

对于企业而言，盈利是最终目的，而企业盈利的大小与盈利模式息息相关。盈利模式是指按照利益相关者划分的企业收入结构、成本结构及相应的目标利润。盈利模式通常有以下 4 种，如图 2-22 所示。

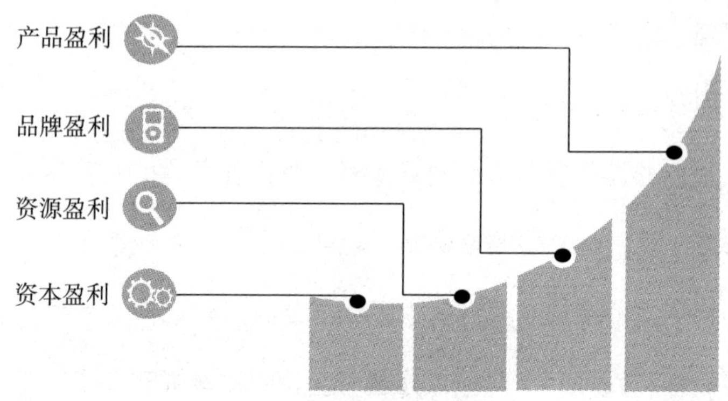

图 2-22　企业的 4 种盈利模式

（1）产品盈利

产品盈利是指以产品为主要利润来源的一种方式。这是最初级，也是最容易实现盈利的方式，被大部分中小企业采用。

依靠产品实现盈利虽然相对容易，但有一个重要前提就是要有高价值的产品和非常强的获客能力，两者缺一不可。大部分中小企业经营者只重视做高价值的产品，而忽略了打造获客能力。例如，一些网红爆品起量很快，但消失得也很快，就是因为不具备稳健、持续的获客能力。同样，只注重获客能力，而没有用户认可的产品也是不行的。例如，为什么很多明星做的品牌都在很短的时间内就消失了？他们缺少的不是流量，正是高价值的产品。

产品盈利模式毕竟太单一，无法形成强大的竞争力，无法持续输出，无法实现从"一锤子"买卖向"一辈子"买卖过渡。所以，中小企业要想打开更大的盈利空间，就需要对盈利模式进行升级，从以产品为主向以品牌、资本、资源为主升级。

（2）品牌盈利

品牌盈利是指基于品牌核心能力，以合作、加盟等方式形成的盈利模式。很多企业只有产品，没有形成品牌，因而盈利能力被大大削弱。而有些企业的产品虽然很普通，但由于很早建立了品牌，也有可观的盈利。

正新鸡排是上海正新食品有限公司旗下的一个品牌，以鸡排为主打产品，走大众化的消费路线，定位休闲小吃。如果仅仅从产品的角度看，上海正新食品有限公司并无太大的优势，因为鸡排类产品比比皆是。但由于建立了正新鸡排这个品牌，该公司既可以通过生产、制作等前端优势吸引加盟商、代理商，也可以通过完善服务和供应链等后端优势持续为消费者提供满意的产品和服务。在品牌的带动下，零售、供应链、门店加盟等每一个环节都可以成为一项营收，仅加盟一项就占到公司总营收的 60%。

大部分中小企业经营者经常有这样的困惑：在做产品的同时，应不应该做品牌？毕竟做品牌的成本远远高于做产品。有人认为，只要产品做得好，不愁没有知名度和销量。也有人认为，品牌才是企业生存与发展的灵魂，只有建立强大的品牌，企业才能做大、做强。

事实上，产品与品牌是相辅相成的。产品是有形的，消费者可以触摸、感受或看得见。品牌是无形的，是消费者对企业文化、价值观及产品认知的总和。产品是品牌创建的物质基础，做品牌必须依赖产品。

（3）资源盈利

资源盈利是指企业基于所拥有的人、财、物等资源优势而形成的一种盈利模式。前文讲到品牌盈利是用品牌去变现，而资源盈利则是利用企业的优势资源去变现，较之品牌盈利更具有稳定性。

通常来讲，凡是有资源优势的企业都可以实现持续的盈利。以供应链为例，供应链是指从原材料采购到制成中间产品，最终进行产品销售的过程。整个过程涉及供应商、制造商、分销商、消费者，呈现网链结构，这个结构有足够稳定的变现能力。

烟台有一家生产水饺的企业，最初对标的是三元、桂冠等大品牌。然而，这样的定位并没有为企业带来好处。因为在此定位下，盈利模式只能单一地做B端的品牌商、批发商，无法兼顾到C端更广大的消费群体。

后来，该企业重新对定位做了调整，结合供应链优势改变了原有的盈利模式。原来，它们发现在所有水饺中，海肠馅饺子卖得最好、口碑最好，这与烟台当地盛产海肠且海肠的品质好有关。

于是，该企业就以海肠为突破点，针对海肠供应优势（只用烟台特定区域的海肠），集中全力打造海肠类水饺，大量供应餐饮企业，并形成了自主品牌，垄断了当地的海肠水饺市场。

供应链是企业中非常重要的一项资源，尤其是形成垄断后就成了难以破解的独特优势。做供应链资源最主要的策略是细分聚焦，就如前文的案例，以海肠为突破点，走差异化发展之路。

然而，很多中小企业经营者并没有这样的意识，只是将供应链当作企业的一个大众资源看待。目的也很简单，仅仅是辅助企业的生产或销售，经营者并没有将其当作企业的核心资源，配合产品形成绝对优势。所以，供应链即使有优势，也很难体现出来。

贵阳有一家企业，主要业务是高炮广告的制作与安装。高炮广告对资源的依赖性非常大，企业拥有充裕的广告资源，盈利就很容易，毛利润也很高，可以高达60%，甚至70%；一旦没有了资源，企业就无法盈利。

众所周知，资源型企业具有很大的不稳定性，尤其是当企业无法将资源掌握在自己手中时。当时，该企业的广告资源基本被上游合作商掌控。再加上高炮广告业正在慢慢被淘汰，如北京、上海、广州、深圳、杭州等城市已禁止。贵阳作为贵州的省会城市，这类资源也在慢慢变少，就连在遵义、昆明等二三线城市也不多见了。最后，该企业不得不改变发展策略，与上游合作商进行混改，成立新公司，不但做高炮广告，还做起了地铁广告。

（4）资本盈利

在当前的经济形势下，企业经营者必须具有资本思维，学会用资本盈利。所谓资本盈利，简单理解就是通过资本的运作、优化和配置，为企业创造利润。需要注意的是这里的“资本”不仅指资金，还包括企业对资源的所有支配权，通过支配资源带来更多的收入。

支付宝是一个依靠资本实现盈利的典型案例。纵观支付宝的整个收益链，我们可以发现其有 6 个资本盈利来源，具体如图 2-23 所示。

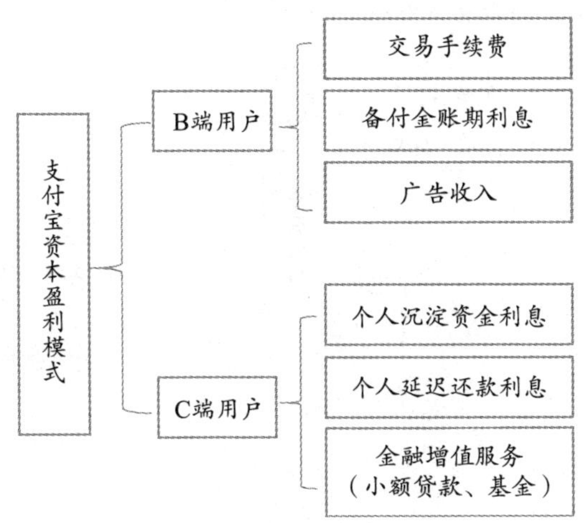

图 2-23　支付宝的资本盈利模式

现在很多企业都在依靠资本盈利。例如，滴滴出行很重要的一项收入就是资本盈利。它利用的是沉淀资金的时间差，如客户打车，到达目的地后就需要支付打车费，这笔费用会进入滴滴平台的账户，而司机的提成部分则是在 7 天或 15 天后兑现。

再如，大宗商品流通商或贸易型企业，尽管有些企业年营业额净亏几千万元，但大部分仍能坚持做，原因就是它有 15 天的账期沉淀，只要回款不停，就一直会产生沉淀资金。

很多人认为，依靠资本实现盈利的都是大企业。其实这是误解，中小企业也可以。例如，有些企业在主业务的基础上延伸金融服务，依靠金融服务增加收入；还有些企业做供应链金融服务，利用的是信贷业务赚中间服务费。

供应链金融服务属于服务行业，这类企业的收入来源大致有三个板块：第一个板块是逾期违约金，第二个板块是债权转让服务费，第三个板块是资本利息收益。其具体的运作路径如图 2-24 所示。

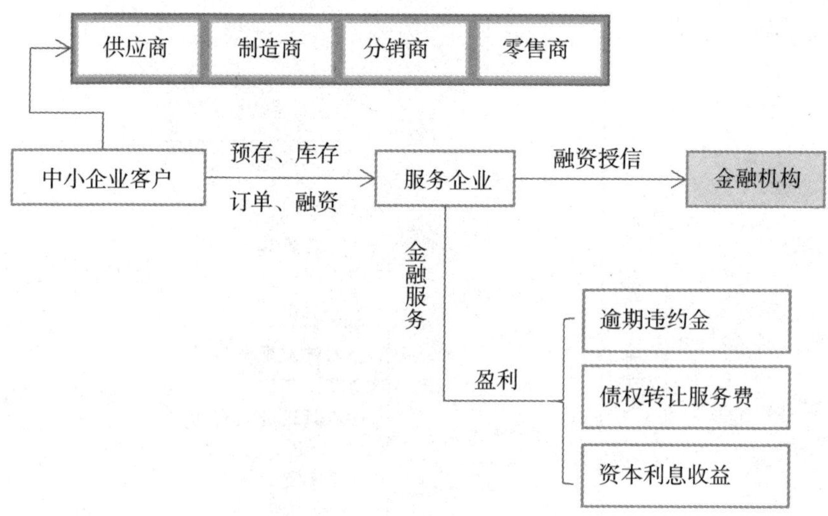

图 2-24　供应链金融服务企业运作路径

供应链金融服务企业的原始资金来源于银行的授信，即先向银行借钱，借完以后利用资金再向中小企业客户提供金融服务。

海澜之家集团股份有限公司（简称“海澜之家”）有多项为加盟商提供的金融服务，如托管、收益保底、投资等。这些服务可以将品牌盈利与资本盈利充分结合起来。海澜之家的资本盈利运作路径如图 2-25 所示。

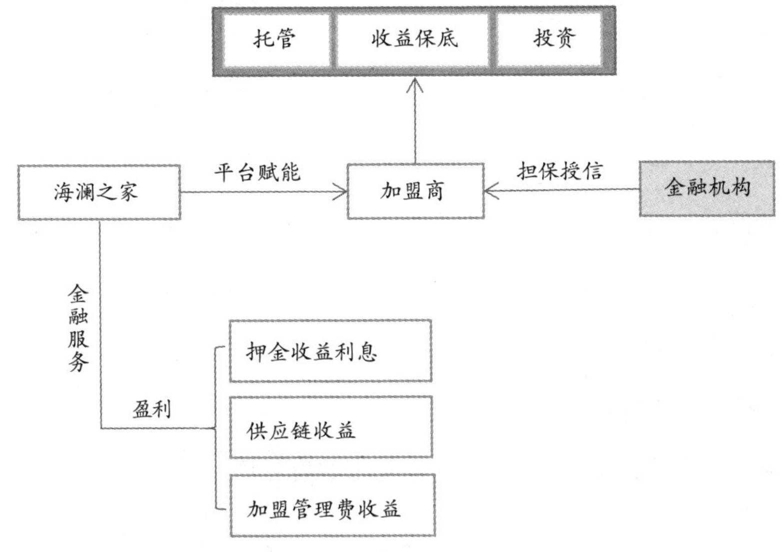

图 2-25　海澜之家的资本盈利运作路径

从图 2-25 可以看出，海澜之家的盈利途径是先给加盟商进行平台赋能，加盟商有了这部分赋能就更愿意加盟，按照要求交押金。这部分押金交到金融机构，从而为加盟商担保授信提供资金基础。

所以，不管是大企业还是中小企业都可以利用资本盈利模式，关键是如何运用资本这个“杠杆”。

2.6　营销战略：流量竞争由公域转向私域

营销就是在争夺流量。谁掌握了流量，谁就能从根本上解决营销问题。而流量有公域流量和私域流量之分。公域流量是伴随电子商务平台而生，已经进入红利末期，而且获取成本越来越高，难度越来越大。私域流量是社交电商领域的新概念，是公域流量红利末期出现的一种新形式。

2.6.1 构建私域流量

做营销需要先解决流量问题。而企业要解决流量问题，关键是要做好从公域向私域转变，构建自己的私域流量池。

公域流量是指企业通过入驻某个平台，如拼多多、京东、淘宝、抖音、快手等获取的流量。私域流量是指企业在特定渠道拥有的，不用付费的，可在任意时间、任意频次、直接触达用户的流量。其最显著的特点是流量永远是企业自己的，企业不用付费，可反复使用。

公域流量和私域流量的特点，总结起来如表 2-1 所示。

表 2-1　公域流量和私域流量特点对比

公域流量	私域流量
平台方所有	使用者自有
付费使用	无需付费
覆盖率低	直接触达
与使用者的关系链弱	反复使用

公域流量由平台方完全控制，对企业而言是“一锤子”买卖，用过就没了。很多掌握公域流量的平台不愿意释放流量，原因就是怕使用者掌握流量主动权。亚马逊曾严格控制自己平台的公域流量向个人私域引流，哪怕商家仅仅在产品中附一个链接或二维码，也会被惩罚甚至遭到封店。这就造成了平台一家独大、在交易中垄断流量、随意制定交易规则的现象。

对中小企业而言，这是非常不利的。要解决这个问题，中小企业就必须打造自己的私域流量池。私域流量是企业自由支配的一种小众流量，企业可以反复利用。很多中小企业在流量获取上的主要途径仍是靠公域，如花钱买流量、做各种广告引流等。这也是流量成本年年递增的原因。如此反复，投入再多也是杯水车薪。

那么，中小企业如何构建自己的私域流量池呢？

（1）创建流量载体

中小企业创建流量池，首先要做好私域流量载体的创建，即确定能够承载流量的载体，如微信、抖音、QQ 等。有了载体之后，后续的引流、运营和转化工作才能顺利开展。

以微信为例。微信是一个庞大的私域流量池，截至 2022 年月活跃用户数高达 13 亿人。再加上独具的社交性、私密性等特点，微信已成为企业打造私域流量池不可忽视的载体。

（2）明确营销模式

营销模式属于企业战略层面的顶层设计，企业构建私域流量池还需要从战略层面入手。做任何形式的私域流量，最终目的都是提高销售额。而明确营销模式可以更精准地实现该目标。设计营销模式可以从以下 3 个方面入手，具体如图 2-26 所示。

图 2-26 设计营销模式的 3 个方面

（3）确定用户运营路径

企业构建私域流量池，仅仅创建流量载体、明确营销模式是远远不够的。也就是说，私域流量池是一个很杂的体系，企业不能单一地从某个点去做，还应该着眼于运营的整个过程。在整个过程中，产品和服务是基础，用户是灵魂。因此，运营私域流量池必须确定用户运营路径。对于私域流量而言，用户更重要。私域流量用户运营路径如图 2-27 所示。

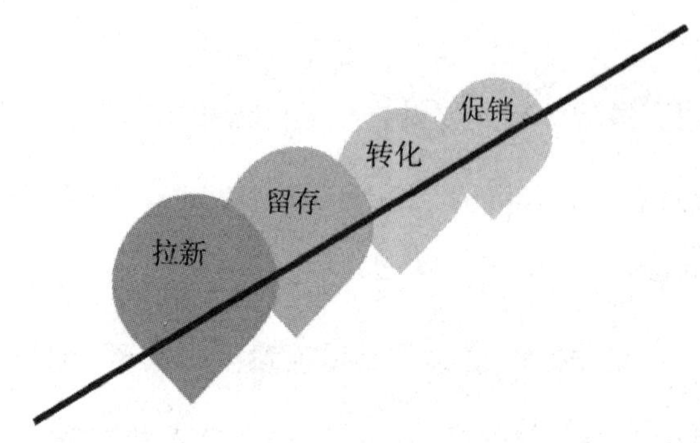

图 2-27　私域流量用户运营路径

（4）制定有效的落地方案

通过创建流量载体、明确营销模式和确定用户运营路径三步，企业已经可以建立大致的模型框架。确定之后，企业就可以制定一套具体、可执行的落地方案，这是将前面建立的模型切割成可执行模块的一步，同时为每个模块填充具体的业务内容。

以微信为例，其私域流量用户运营路径具体如图 2-28 所示。

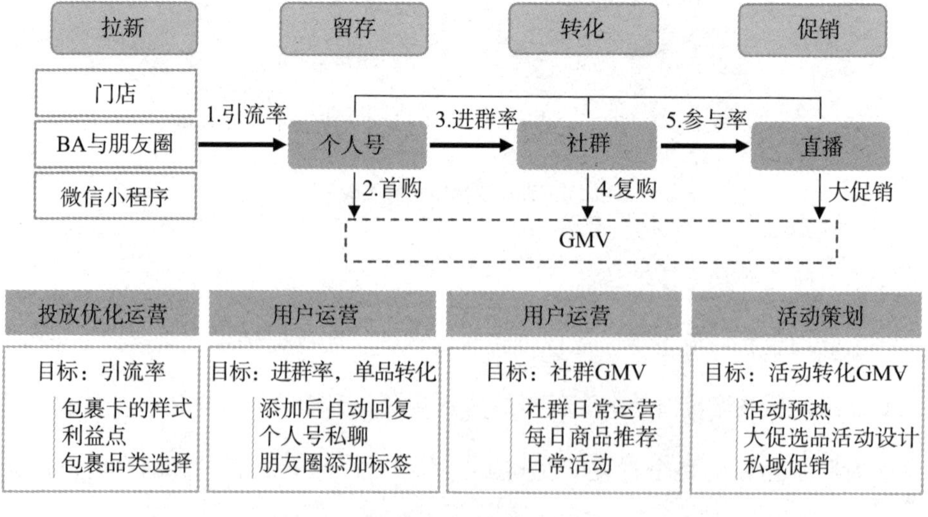

图 2-28　微信的私域流量用户运营路径

需要注意的是，鼓励中小企业经营者重视私域流量并不意味着完全抛弃公域流量。企业在不同的发展阶段，对流量的使用要求不同。在初期，由于极度缺乏流量，企业可以依靠公域流量，在最短时间内获得客源和市场关注。但是，企业进入成熟阶段后就要做私域，重在做流量留存。

2.6.2　优化产品结构

优化产品结构是企业制定营销战略不得不做的一项工作，尤其是对大企业、大品牌而言。即使企业非常优秀，但如果产品结构不合理，产品投入市场后也可能成为“鸡肋”；而中等企业的产品在合理的结构赋能下却有可能成为爆品。那么，中小企业经营者应该如何优化产品结构呢？最重要的一种做法就是对产品结构进行分析。在对产品结构的分析上多采用波士顿矩阵。

波士顿矩阵由美国著名管理学家、波士顿咨询公司创始人布鲁斯·亨德森于 1970 年首创。该方法有多种名称，如市场增长率—相对市场份额矩阵、四象限分析法、产品系列结构管理法等。尽管名称不同，但本质都一样，并一致认为影响产品结构的主要有两大基本因素，分别为市场吸引力和企业实力。其中，两大基本因素又包括多个细分因素，具体如图 2-29 所示。

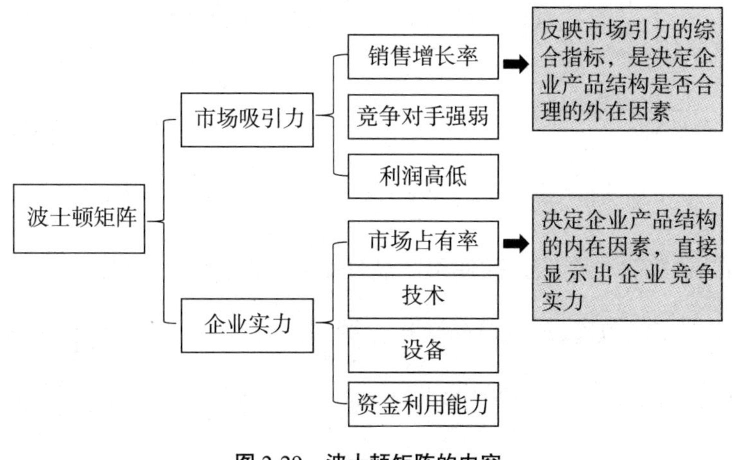

图 2-29　波士顿矩阵的内容

在细分因素中，销售增长率、市场占有率的占比最高，也是影响产品结构最核心的因素。因此，企业在利用波士顿矩阵时通常只分析这两个因素。

销售增长率是反映市场吸引力的一项指标，是决定企业产品结构是否合理的外在因素；市场占有率是反映企业竞争实力的一项指标，是决定企业产品结构的内在因素。两者相互影响，互为条件。

两者双高，表明产品结构合理，未来发展空间大。销售增长率高，市场占有率低，或者销售增长率低，市场占有率高，都说明产品结构不合理：要么产品无法在第一时间抢占市场，满足消费者需求；要么预示着长期获利性较差，在市场中无法长时间占据优势。

按照销售增长率、市场占有率两个维度，产品可分为4类，如图2-30所示。

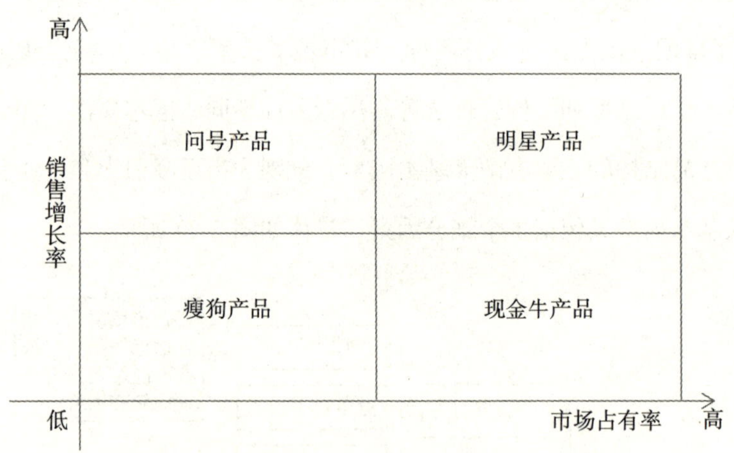

图2-30 按照销售增长率、市场占有率两个维度划分产品

产品结构完善的企业，除瘦狗产品外，其他品类都必须有，而且占比要合理。占比不合理，直接影响产品结构。例如，有些企业的明星产品占比较低，造成的后果是利润低、业务量不稳定；问号产品缺失，后果是在与竞品的竞争中处于被动。

宝洁公司的产品结构是严格按照波士顿矩阵做的，非常合理，既有明星产品沙宣，也有现金牛产品飘柔、海飞丝。沙宣的市场占有率和销售增长率都很高；飘柔、海飞丝长期以来是宝洁的主打产品，市场占有率很高，但由于需求已经被挖掘得差不多了，所以销售增长率很难有大突破，长期维持在一个较稳定的水平。

为了应对竞品，宝洁还专门研发了问号产品伊卡璐。该产品虽然起步晚，但有特殊战略使命。当然，宝洁也曾有过瘦狗产品润妍，但做得比较失败。

宝洁公司的产品结构具体如图 2-31 所示。

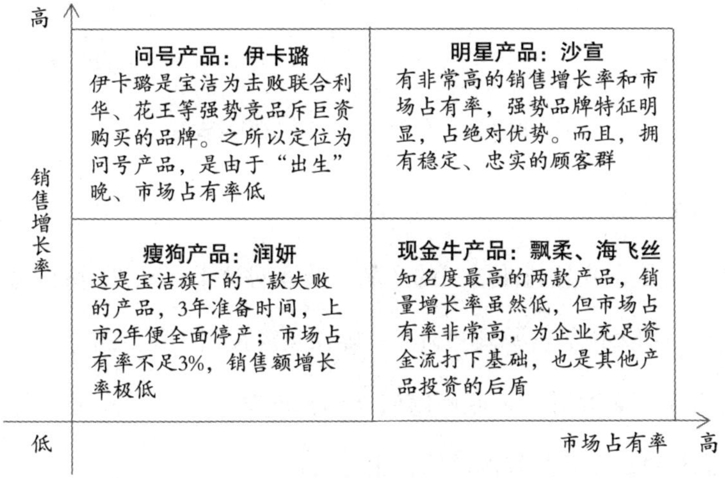

销售增长率	市场占有率低	市场占有率高
高	**问号产品：伊卡璐** 伊卡璐是宝洁为击败联合利华、花王等强势竞品斥巨资购买的品牌。之所以定位为问号产品，是由于“出生”晚、市场占有率低	**明星产品：沙宣** 有非常高的销售增长率和市场占有率，强势品牌特征明显，占绝对优势。而且，拥有稳定、忠实的顾客群
低	**瘦狗产品：润妍** 这是宝洁旗下的一款失败的产品，3年准备时间，上市2年便全面停产；市场占有率不足3%，销售额增长率极低	**现金牛产品：飘柔、海飞丝** 知名度最高的两款产品，销量增长率虽然低，但市场占有率非常高，为企业充足资金流打下基础，也是其他产品投资的后盾

图 2-31　宝洁公司的产品结构

需要注意，问号产品并不是问题产品。这类产品大多带有战略使命（也叫战略产品）。对于宝洁而言，伊卡璐的战略使命就是击败竞品，用于实现点对点的差异化竞争。尽管“出生”比其他产品晚，市场占有率低，营收也不是很多，但宝洁对它有很大的期望，即通过打迂回战扰乱竞争对手的一些强势产品。

2.6.3 调整产品策略

企业将产品按照市场占有率、销售增长率进行划分之后，接下来就是思考如何针对不同类型的产品规划或调整相应的发展策略，如图 2-32 所示。

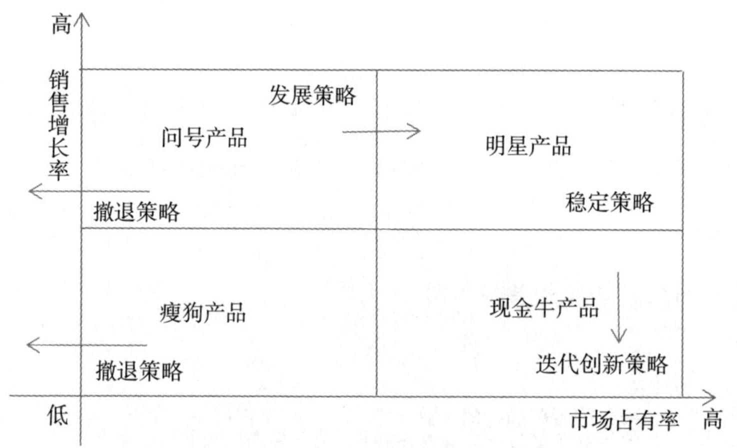

图 2-32 产品结构对应的发展策略

（1）明星产品

明星产品是企业盈利性最强的产品，企业对这类产品采用的是稳定策略，即针对该产品加大优势资源倾斜力度，确保实现长期、稳定的增长，进一步提高市场占有率。必要时，企业可以成立单独的事业部、子公司，进行独立采购、生产和核算，配备最好的团队，由专人负责。

（2）现金牛产品

现金牛产品通常是企业的主打产品，市场占有率很高，盈利最多。但是，尽管盈利不错，而盈利率仍然面临着逐步下降的趋势。因此，对于现金牛产品，企业应该采用迭代创新策略。所谓“花无百日红”，一款产品发展到顶峰后会逐步走向衰落，直至被淘汰。这就需要新的明星产品继任，成为新现金牛产品，以此保证企业在市场有持续、强劲的竞争力。

（3）问号产品

问号产品一般分为两类，一类是发展性问号产品，另一种是战略级问号产品。对于前者，企业应采用重点培养策略，让其成长为明星产品。对于后者，企业可采用淘汰策略，即当其完成对竞品的扰乱任务后便坚决撤退；这类产品的不确定性很高，缺乏稳定性，因此企业要坚决将其淘汰。

（4）瘦狗产品

对于瘦狗产品，企业要坚决淘汰，但不是马上全部淘汰，而是要坚持循序渐进的原则。例如，逐步减少生产量、优化该产品的生产线、在原基础上增加新功能或推出新配方等。

总之，针对不同类型的产品，企业要采用不同的发展策略：对于销售增长率、市场占有率都很高的明星产品，要重点做；对于处在巅峰期的现金牛产品，要大规模做；对于技术含量低、进入门槛低的问号产品，要分情况对待；对于瘦狗产品，不必投入太多财力、物力，并且要慢慢剥离。

需要注意的是每个行业、每家企业的具体情况不同，产品结构也会不断变化，企业不能硬性地将某类型产品的占比升高或降低。判定产品的占比，企业一定要用好市场占有率、销售增长率这两个指标，而且要结合长期的数据变化。

2.6.4　打造核心产品

企业不能只想着做大做强，更要做精做强，拥有极具竞争力的核心产品，这是站稳市场、吸引消费者的根本。这样的产品通常有两种，一种是引流型产品，另一种是盈利型产品，均在企业中扮演重要角色。

引流型产品通常是受众面广的刚需产品，特色是性价比高，通过实惠的价格、良好的使用效果在消费者中建立信任。盈利型产品则是为进一步满足消费者的个性化需求而做的延伸品，与竞品差异大，利润空间大。

如果企业存在流量问题，说明缺乏引流型产品。如果存在盈利不足、毛利低的问题，说明缺乏盈利型产品。归根结底，流量和盈利问题都是缺乏核心产品的反映。有些企业通过增加产品数量和品类来弥补两方面的不足，这是远远不够的。只在产品数量和品类上做，尚属于低纬度的做法。高纬度的做法需要优化两类产品的布局，或者打造两类产品的组合：引流型产品 + 盈利型产品。

引流型产品 + 盈利型产品组合最典型的做法是“器耗组合”。器即器材，作用是引流；耗即耗材，作用是盈利。器材往往不挣钱，真正挣钱的是耗材。例如，医疗器械，一台设备原售价20万元，但往往只卖10万元，50%的折扣，甚至可以更低。这样的操作表面看起来非常不划算，但这个折扣可以通过耗材来弥补。再例如，现在很火的一款吹风机，喷头发可以喷胶原蛋白，很好地保护头发，但必须经常换喷头。为了保证使用效果，很多人一年要换四次。

传统产品在卖出去的那一刻，基本就挣完钱了。而“器材 + 耗材”产品组合在产品卖出去的那一刻才刚刚开始赚钱，可以赚未来 5 年、10 年甚至更长时间的钱。

由此可见，“器材 + 耗材”组合让产品的价值更高，可以很好地解决企业“增长无持续，利润无持续”的问题。所以，中小企业经营者不要过多地给产品贴标签，一定要将精力放在产品创新和研发上，思考自己的产品有哪些是引流型产品，哪些是盈利型产品，能否双拳出击，打造两者的组合。

2.6.5 细分用户需求

要想产品不断满足用户需求，企业就必须先对用户需求进行细分。需求越细分，产品越贴近用户需求。好的产品之所以总能受用户欢迎，就是因为它真正满足了某一群体的需求，能让用户沉浸其中，持续忠诚于产品。

需求细分本质上是企业对需求进行切分，从中找出差异化需求，然后根据差异化需求提供有针对性的产品或服务。

Outer 是一家互联网户外家具公司，由 Jiake Liu（刘佳科）和 Terry Lin 于 2019 年 5 月在美国洛杉矶联合创办，仅用 3 年时间就成为当地的头部企业。该企业发展如此之快，很重要的一个原因就是对目标用户需求的聚焦。而聚焦是细分的重要前提。Outer 的用户需求细分如图 2-33 所示。

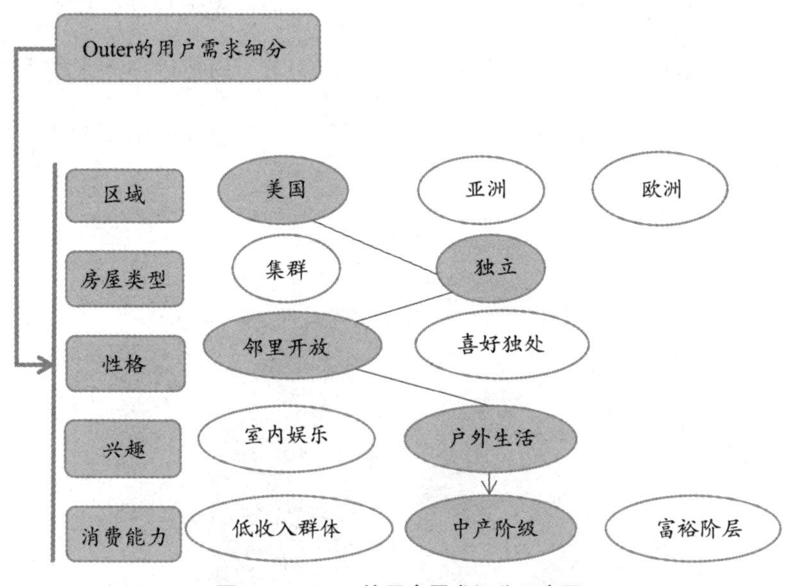

图 2-33　Outer 的用户需求细分示意图

当对用户需求进行深入细分后，接下来就是挖掘这部分人的隐性需求。Outer 的用户主要是欧美等国家的中产阶层，这部分人大多向往自由、无拘无束地生活。例如，假期来一次户外活动，或者在自家花园搞派对等。

总之，用户对服务的体验要求非常高，而这就是一个重要的隐性需求。Outer 针对这个需求强化了服务体验，通过营造场景紧紧锁住用户。例如，首创场景式营销，通过打造各种体验式销售场景，引导消费者加深对企业、产品的良好印象。

以线上 App 营销为例，为实现高体验，在 App 研发时就植入了非常人性化的功能。用户打开 Outer App 就会发现，它的页面设计、功能设置非常人性化。

产品无法精准匹配用户需求，很多时候是因为企业对隐性需求挖掘得不够，或者只知道一部分需求。因此，对用户需求进行细分，前提是抓住用户的隐性需求。

企业在寻找用户隐性需求时可以通过以下路径：先观察社会现象，通过社会现象寻找行业痛点，通过行业痛点发现用户需求，通过用户需求挖掘核心需求，最终在核心需求中找到杀手级的隐性需求，具体路径如图 2-34 所示。

图 2-34　不同级别的需求聚焦示意图

每一级别的需求都是环环相扣、逐渐聚焦的，最外层的是社会现象，最核心的是杀手级隐性需求。

小罐茶是一个高端茶品牌，由杜国楹于 2014 年创立。创始人杜国楹特别擅长打造品牌，先后创立了背背佳、好记星、E 人 E 本、8848 钛金手机等品牌，全部坚持以用户需求为导向，而且都能抓住用户的隐性需求。

2014 年，杜国楹又看中了茶行业的契机。当时，茶叶在我国是少有的几个还没有品牌的行业。众所周知，大多数茶叶都是以地域命名，如云南普洱、武夷山铁观音等，但这都不是真正意义上的品牌。发现这个行业痛点以后，杜国楹就开始调研茶叶爱好者对茶的隐性需求。在做了大量调研工作的基础上，他将用户定位为“商务 + 高端 + 爱喝茶”的人士。这部分人的隐性需求是对茶叶品质和包装的双重需求，即从内到外的要求都很高，要做到极致。所以，小罐茶从杯子到茶叶都是定制化，充分凸显一个“精”字。茶叶精挑细选；杯子精雕细琢，做得很精致；茶水分离，每一个包装场景也与杯子非常匹配。

很多中小企业做不出爆款，第一个原因是没有找对用户；第二个原因是对用户需求了解不够，没有找到他们的隐性需求。任何产品都可以做品牌，而做品牌的核心就是研究目标用户的隐性需求，结合需求提高产品的品质，提升用户体验。

因此，对用户需求的精准细分就是找到他们的隐性需求，这将成为中小企业打开市场大门的“钥匙”。企业只要拿到这把“钥匙”，再围绕需求开展研发、设计、生产，这是产品成为爆款的重要条件。

第 3 章

高效执行

很多中小企业经营者经常抱怨：战略规划得很完美，可为什么得不到高效执行？这就是执行力的问题。企业战略是全局性、长期性的总体战略，多属于理论层面，如果得不到彻底的执行，转化为具体行为，其作用也无法发挥出来。

3.1 战略规划 + 战略执行 = 企业成功

“一分规划，九分执行”，没有规划，执行将一团糟。同样，没有执行，再好的规划也是空头口号。成功的企业一定是做到了战略规划和战略执行的双赢，两者相得益彰。

3.1.1 好战略规划的标准

战略规划需要符合一定的标准。而且，好战略规划的标准是十分明确、独具特色的，具体如图 3-1 所示。

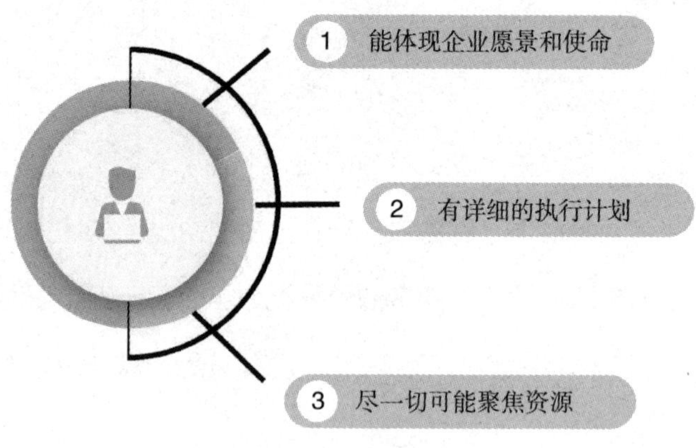

图 3-1 好战略规划的标准

（1）能体现企业愿景和使命

企业愿景是描绘企业将发展成什么样子，希望在哪些领域取得哪些成就，拥有什么样的地位。企业使命是企业存在的意义、发展目标等。无论愿景还是使命，都要在企业战略规划中体现出来。战略规划是实现企业愿景、使命的具体实施行为，是为战略规划最终目标而服务的。

因此，衡量战略规划好坏的第一个标准就是能否体现企业的愿景、使命。这就要求企业经营者在制定发展战略规划时，必须结合企业愿景和使命，在愿景和使命的指导下进行。

苹果公司有一个由“Why：为什么”“How：怎么做”和“What：做什么”组成的著名的黄金圈理论，如图 3-2 所示。而且，该理论认为企业在做品牌或产品时应该先从“Why”出发，而非“What”或“How”。

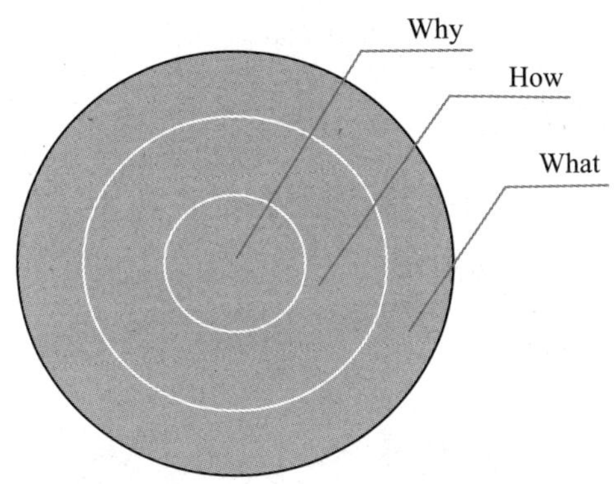

图 3-2 苹果公司的黄金圈理论

苹果公司原称苹果电脑公司，核心业务是生产电脑，它生产了全球第一台真正意义上的个人电脑，并凭此成为 IT 领域的新贵。后来面对 IBM 和微软的竞争，市场份额一度下降至 5%，它才将主业务放在智能手机上。这次转型前后毫无违和感，消费者也觉得理所当然。

但同样是由做电脑转做手机的戴尔公司，命运却截然不同。戴尔公司推出自己的手机后，很多消费者从心理上无法接受，认为戴尔公司最擅长的是做电脑，做手机肯定不及其他品牌。

苹果公司和戴尔公司之所以出现如此大的反差，就是因为苹果公司早早地就解决了“Why”的问题。乔布斯创立苹果公司之初就树立了一个愿景，即用产品改变世界。所以，苹果公司的任何一个产品只要能够改变世界，消费者都觉得合理。而戴尔公司是做电脑组装起家的，只是一个电脑品牌商，它没有这样的愿景，它的“Why”与苹果公司的“Why”是不一样的。

如果将“Why”比作企业的愿景和使命，那么“What”和“How”就是企业的战略规划。苹果公司和戴尔公司表面上都是做手机，但由于“Why”不一样，戴尔公司无论怎么做都是无法被接纳的。

现实中像戴尔公司这样的企业不在少数，它们首先想到的是“What”和“How”，而不是“Why”，即知道做什么或如何做，而不知道为什么做。这是本末倒置的做法。

（2）有详细的执行计划

企业在愿景、使命的指导下确定具体的战略规划后，接下来就是制定详细的执行计划以保证战略的实施。

关于战略执行计划有这样一句话：“看 5 年，想 3 年，干 1 年。”具体内容如图 3-3 所示。

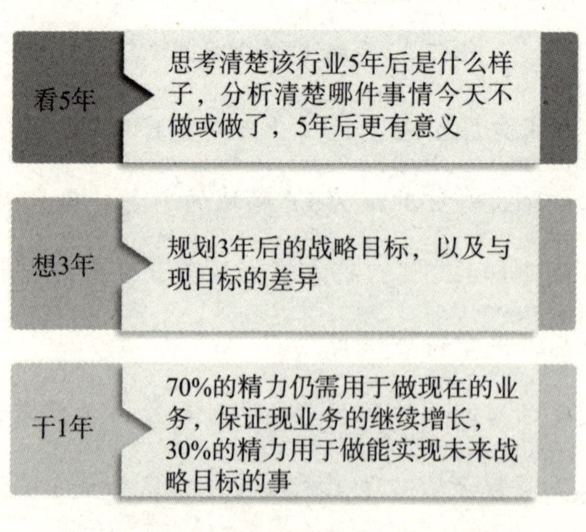

图 3-3 “看 5 年，想 3 年，干 1 年”的含义

首先，企业要冷静、客观地分析哪些事情在当下如果不做，5 年后一定会后悔。以新能源汽车为例，假如经过充分的调研，发现在一线城市未来至少有一半新能源汽车，据此就可以得出结论：如果现在不做充电桩，不掌握充电桩的核心技术，5 年后肯定会特别后悔。

其次，规划 3 年后的战略目标，以及与现有目标的差异。当把 5 年后该做的事想清楚后，企业应继续思考：3 年内充电桩将会有多大的市场规模、多大的需求？自己是否有能力在这个市场抢得足够的份额？

事实上，鉴于新能源汽车越来越多的发展趋势，现在做与之配套的充电桩行业属于跑马圈地阶段，谁先抢占市场，谁就能争得竞争主动权。企业据此得出结论：3 年内尽快占领 60% 的市场份额将成为自己的战略目标。

最后，认认真真干 1 年。企业明确了战略目标，接下来就是具体如何做，以及如何确保实现这个目标。

战略目标确定后，在相对一段时间内是不会变的。所以，企业可以花 1 年的时间研发一款充电桩产品，同时拿下两个区域的经营权。在这个阶段，企业的关键不是赚钱获利，而是拿到区域经营权以验证产品的可行性。

（3）尽一切可能聚焦资源

当确定战略目标后，企业就要把所有人、财、物及精力都集中到目标上。因为中小企业最大的瓶颈就是人力、物力、财力的匮乏，如果不把所有资源聚集在一个点上，是很难实现目标的。更何况实力较强的同行、竞争对手有充裕的资本，只要对方一加大投入，中小企业就可能陷入被动。

3.1.2　制定战略目标

战略目标是企业发展战略不可缺少的组成部分，也是战略执行的依据和指导方向。如果目标不明确或不符合实际，那么执行力便无从谈起。

例如，某企业制定的2022年目标是实现1亿元的营业收入。在这个目标的指导下，企业的所有人都在努力。但有一天，高层发现这个目标远远低于竞争对手的目标，距整个行业的平均水平也相差甚远。这时，高层便开始思考目标是不是定得太低了、需不需要调整、不调整的话未来会不会被甩掉等。

经过一番思考，高层最终还是决定调整2022年目标，从最初的1亿元调整到2亿元。但是，全年已经过去一半，这意味着下半年的任务将会更重。试想，这时员工会怎样想？

如果修改战略目标，势必会影响战略的执行。况且目标的确定不是随便改一些数字，还要兼顾很多实际情况，如市场、竞争对手等。这要求企业在制定战略目标的初期就要遵循“三赢”原则，具体内容如表3-1所示。

表3-1 “三赢”原则的具体内容

	和谁比	怎样定位自己	比什么	标准	适用情况
1	跑赢大盘	在细分市场里排名靠前	比去年排名更靠前，市场份额增加	增速≥市场增速	排名靠前，有市场份额的数据和大盘增速数据
2	跑赢竞品	打赢头部，抢占头排	比对标的竞品更高、更快	体量和增速≥对标竞品的体量和增速	进入扩展期，增长相对稳定
3	跑赢自己	比过去的自己更优秀	增速加快	增速≥去年增速	无市场数据，属于验证期，体量相对较小

某企业定的年度总目标是销售额较上一年度增加1亿元，总额5亿元，所占市场份额排至行业前三，并为此制定了一系列执行方案。但是，到10月时，5亿元的年度销售额目标已达成。

那么，5亿元的年度销售额目标提前达成，是不是意味着战略目标实现了呢？答案是否定的，因为并未进入行业前三，第三名已经实现了5.5亿元的营业额。因此，尽管提前实现了 5 亿元的销售额目标，但并未进入行业前三，这只能说明跑赢了自己，但并未跑赢大盘和竞品。

跑赢自己只是其中一个目标，未跑赢大盘和竞品不能算目标的达成。企业制定战略目标不能只与自己比，还要与整个行业及行业中最优秀的竞争对手比。例如，企业的营收比上季度增长了 30%，可大盘增长了 50%，其实还是失败的。很多中小企业就习惯沉浸在“良好的自我感觉”中，对自己取得的成绩沾沾自喜。

鉴于此，中小企业制定战略目标要注意以下两点。

第一，要对能否跑赢大盘和竞品做出最充足的评估。目标不是由某个人决定的，而是由市场定的。企业在制定战略目标时，一定要充分评估市场的整体情况和竞争对手的情况。最基本的要求即无论体量还是增速都要大于市场，以及对标的竞争对手。

第二，目标一定要是经过努力能达到的。一般来讲，下一年度的战略目标往往是在上一年度的 10—12 月制定，因此企业有充足的时间进行调研。所以，目标一定要建立在客观事实的基础上。

当然，目标也不能没有一点超越的空间。如果企业有 100% 的把握实现制定的目标，那么这个目标大概率也不是一个好目标。因为目标的制定距离实现还有一年多时间，这一年里有很多的变数和可能性。

例如，某企业上一年度实现了 3000 万元的销售目标。老板想把本年度的销售目标提高至 4000 万元，很多高管说这不可能。老板又说假设增加广告预算，能不能做到？高管说可以。这就是变数。按照原计划 4000 万元的目标很难实现，但增加广告预算后，条件变了，实现目标的难度自然降低了。所以，企业在制定目标时，也要考虑可能出现的不确定因素的影响。

3.1.3 聚焦核心目标

目标的执行效果如何，与目标本身是否聚焦有很大的关系。很多中小企业的目标之所以执行得不理想，就是因为目标不够聚焦，太过分散。

例如，某企业高层为了激励员工尽快达成目标，制定了非常详细的激励措施，每个人、每项工作的考核指标多达三四十项，可谓面面俱到。但让高层没想到的是虽然指标数量多可实现全方位考核，但也有弊端，即每个指标的权重被大大降低。当指标的权重很低，只有 1%，甚至不到 1% 时，激励效果就会很弱。

提升执行力，前提是目标聚焦。目标越聚焦，执行力越强。因为执行力通常会受到日常琐事的影响，而大多数人又因为精力有限，很难分清楚哪些事情是日常琐碎事务，哪些是核心目标。日常琐碎事务会不断与核心目标争抢精力和资源，最终的结果就是核心目标要么被日常琐碎事务淹没，要么无声息地消失。

例如，某公司召开一次高管会议，讨论“哪个部门的目标应该成为企业最重要且优先实现的目标”。接下来，财务部、人事部、业务部、研发部、市场部等各部门负责人纷纷发言，强调自己部门的目标才是最重要的。

业务部负责人说：“今年业绩目标应该成为公司优先实现的目标。”

生产部负责人说：“没有我们加足马力生产，哪来足够的产品供应？所以应该优先围绕生产目标开展工作。”

市场部负责人说：“不做推广，生产出来的产品也没有用武之地。”

财务部负责人也说：“财务就不重要吗？”

各个部门都强调自己部门的目标最重要，这就是目标不聚焦，无法确定核心目标。没有核心目标，执行起来就没有轻重缓急。照这样下去，任何部门的目标也无法实现。

类似的场景在很多企业都普遍存在。那么，企业应该如何聚焦核心目标呢？具体做法如图 3-4 所示。

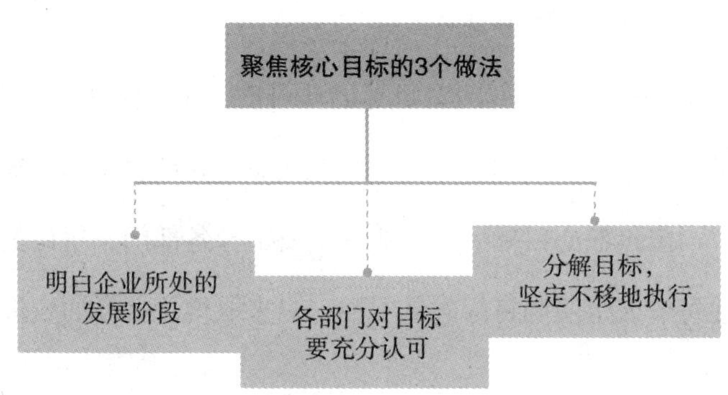

图 3-4　聚焦核心目标的 3 个做法

（1）明白企业所处的发展阶段

核心目标是基于企业的现状看未来，与企业所处的发展阶段息息相关。因此，企业在聚焦核心目标之前，一定要明白自身所处的阶段。

例如，滴滴之所以在打车软件中一枝独秀，有赖于庞大的用户规模。快速扩大用户规模是滴滴最初期的核心目标。当时，滴滴所有的资源都倾向于这个目标，便快速抢占市场。

也正因为这个目标的确立，滴滴在抢占用户上做得非常成功，才有了后期的快速发展。尽管当时滴滴给人的感觉是服务非常差，但现在再看这个策略无疑是正确的。滴滴先将用户规模做起来，再优化服务体验，不但没有影响自身的整体发展，还将用户紧紧握在了自己手中。

事实证明，用户规模做起来、市场需求逐步稳定后，滴滴马上调整发展策略，将服务和体验精细化运营当作核心目标。

当然，并不是所有企业都适合这样做，有靠抢占市场取胜的，也有靠钻研技术取胜的，还有靠拓展销售渠道取胜的。这与企业的实际情况有关。也就是说，将什么业务设为核心目标，企业要结合自身所处的发展阶段，根据实际情况而定。

（2）各部门对目标要充分认可

目标的完成率取决于各部门对目标的认可度。很多中小企业只会定目标，却缺少对目标的共识。企业的核心目标没有让每个人产生认同，执行起来势必很难。所以，当聚焦核心目标后，企业一定要引导各部门、每位员工对该目标达成共识，让每个人都明确目标的重要性，未来取得什么样的成果，具体又应该如何做等。

（3）分解目标，坚定不移地执行

当目标聚焦之后，回过头来还需要做一遍倒推，即明确该目标由哪个部门、哪些人员执行。也就是说，要保证每个执行部门的执行人员能够坚定不移地执行，这是目标得以实现的重要保证。

在阿里巴巴、腾讯等大企业，员工的整个工作状态与中小企业员工的工作状态就完全不一样。原因何在？就是大企业特别注重对员工的训练强化，并制定规则，强化执行意识。所以，企业在核心目标的执行上要制定规则，对每位执行人员加强训练，让业务融入每位员工内心，促使其自动自觉地执行。

3.1.4 确定最重要的目标

什么是最重要的目标？“重要”的标准是什么？问 100 个人恐怕会有 100 个答案。但有一个最基本的标准，那就是看能否给企业带来盈利，即在所有目标都保持当前状态的前提下，分析哪个目标马上或经过改进能为企业带来巨大的收益。

最重要的目标与日常事务的不同，如表 3-2 所示。

表 3-2　最重要的目标与日常事务的不同

	日常事务	最重要的目标
1	很多	很少
2	重要，适度关注	最重要，高度关注
3	循环往复，持续性	定期实施，阶段性
4	投入 80% 的精力	投入 20% 的精力
5	按照固有的工作习惯	需要改变，需要创新
6	维持企业正常的运行	给企业带来巨大变化和最大收益

明确了最重要的目标与日常事务的不同后，接下来就是确定什么样的目标才是最重要的目标。确定最重要的目标有 4 个步骤，具体如图 3-5 所示。

图 3-5　确定重要目标的 4 个步骤

（1）分析各种可能性

企业可能会同时制定多个目标，但最重要的目标只有少数几个。确定最重要的目标要求将所有目标集中起来，采用自上而下或自下而上的方式，分析目标实现过程中的优势、劣势及可能出现的问题。

（2）按照影响因素进行排序

目标的实现通常会受到质量、策略和财务的影响。这 3 个因素对目标的影响会随客观情况的变化呈现此消彼长的关系。具体可以按照以下说明进行分析，如表 3-3 所示。

表 3-3　影响目标实现的 3 因素

影响因素	标准	举例
质量	获得功效、循环时间、生产率提高、客户满意度	降低故障率
策略	服务于使命、获得竞争优势、把握机会、降低风险	提升创新转型成效
财务	预期收益、利用率、投资表现、现金流、开支节约	节约成本

（3）明确权限问题

有些中小企业在制定目标时会习惯性地超出自己的能力范围。事实是一旦陷入被动，大多数中小企业没有能力应对。

例如，产品售后的问题如何解决才能令消费者满意？大部分企业是依靠销售部门、客服部门或售后部门。但实际上这是不够的，解决这个问题还需要更多的部门参与。

如果确实是销售或售后服务的问题，那是可以解决的。但如果涉及产品质量问题，很有可能在原材料采购阶段就埋下了隐患，这种情况仅依靠客服、售后等部门是无法解决的。

由此可见，很多问题只依靠一个部门是无法解决的，需要跨部门进行；或者责任部门至少控制 80% 的话语权，也就是说权、责、利要高度匹配与对等。

（4）描述目标

描述目标是指将目标以文字的形式言简意赅地表示出来，并最终形成文件。只有形成文件的目标才能更好地执行，口头约定在很多时候是无效的，更别谈约束力了。因此，描述目标这一步很关键，要注意以下 4 个技巧。

①语言要简洁，避免冗长、过于空虚的描述；

②多用动词，可以强调执行力，引导人去做；

③聚焦在“做什么”上，并非“怎么做”；

④定义滞后性指标，主要反映当目标出现变化时能否达到预期。

3.2　战略落地方法：GISA 四步法

GISA 是成果目标（Goal）、驱动指标（Indicator）、策略路径（Strategy）、行动计划（Action）4 个英文单词首字母的组合，其表示的是企业战略管理中非常实用的一种方法。企业经营者掌握了这种方法，分析问题的思路会越来越清晰，解决问题的能力会越来越高。

3.2.1　GISA 四步法简介

GISA 的 4 个部分相辅相成、相互促进，共同推动企业战略规划的执行，其关系如图 3-6 所示。

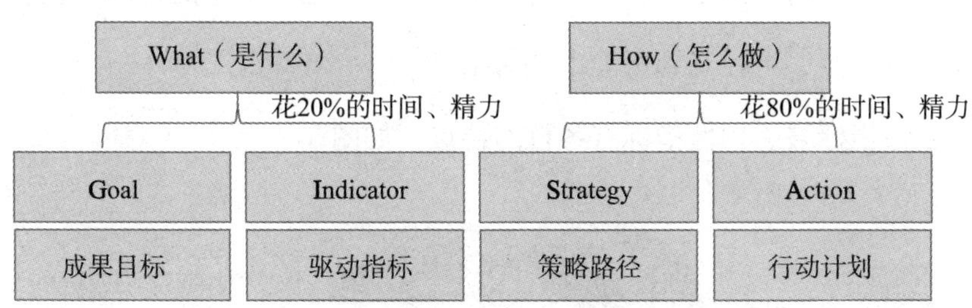

图 3-6　GISA 四步法的组成部分

GISA 四步法的前两步，即成果目标（G）、驱动指标（I）解决的是 What（是什么）的问题；后两步，即策略路径（S）、行动计划（A）解决的是 How

（怎么做）的问题。针对这两个问题，企业投放的时间和精力是不一样的，应将重点放在 How（怎么做）上，具体可以遵循二八原则。

该方法的最大优势是企业可以快速梳理战略的执行思路，找到最快实现目标的路径。

例如，“我要减肥”。减肥是成果目标（G）；具体减多少、减到什么程度是驱动指标（I）；采取什么措施是策略路径（S）；如何做是行动计划（A）。经过如此分析，4 个部分之间的关系就清晰了。

3.2.2 成果目标（G）

确定成果目标（G）是战略规划高效执行的第一步。那么，如何确定成果目标呢？成果目标通常有一个显著的特点，即引领性。目标的衡量指标一般有两种，一种是滞后性指标，另一种是引领性指标。滞后性指标衡量的是目标完成得怎样，引领性指标衡量的是怎样做才能完成目标。

仍以减肥为例，滞后性指标是秤上显示的体重数据，例如，由 130 斤减到了 100 斤；引领性指标则是为了减少 30 斤而做的具体行为，是节食，还是运动等。

滞后性指标衡量的是已经发生的事情，引领性指标衡量的是尚未发生的事情，而且可预测、可控制到可能出现的结果。

滞后性指标与引领性指标有各自的特点，如图 3-7 所示。

滞后性：所有结果都已成现实

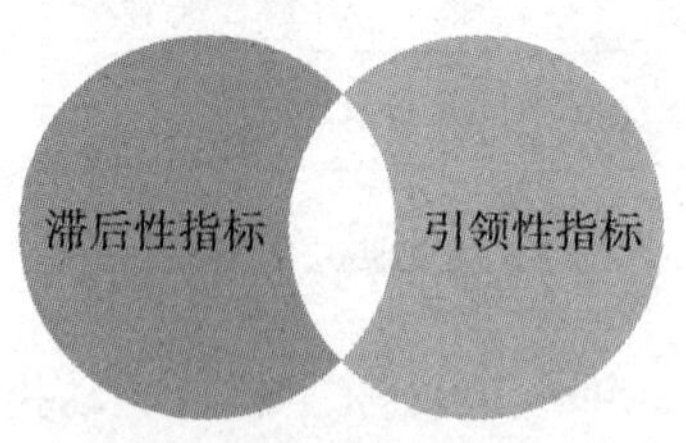

预见性：衡量可以促使目标达成的事情
可控性：执行者可对目标进行有效影响

图 3-7 滞后性指标与引领性指标的特点

中小企业经营者往往只关注滞后性指标，如看财报数据、销售数量、费用成本等；滞后性指标更加直观，但分析精确度远远不够。例如，企业制定的年度销售额目标是 8000 万元，而这个结果往往只有到年度的最后一天才能知道。其中最大的缺点是无法体现这个目标的达成过程。这也是优秀企业经营者更关注引领性指标的原因，做管理只看结果是不行的，还需要注重过程。

滞后性指标与引领性指标的区别，如表 3-4 所示。

表 3-4　滞后性指标与引领性指标的区别

滞后性指标	引领性指标
是否达成了目标	怎么做才能达成目标
对结果的衡量	对过程的衡量
滞后性	预见性和可控性
结果能够直觉感知	结果可能与直觉相悖
结果通过具体数据体现	结果无法通过具体数据完全体现

所以，企业经营者设定衡量目标的指标时要多考虑引领性指标，不能说计划今年比去年增长 50%，根据几项数据就把目标确定了。目标的制定还需要多注重过程，分析过程，根据过程的变化找出规律、得出结论。

3.2.3　驱动指标（I）

目标的高效执行需要先对目标进行拆解，化大为小，一级一级地拆解下去。然后，先完成小目标，当一个个小目标完成后，总目标自然而然也就完成了。

但是，在具体拆解上要注意方法，方法不对，拆解就变得无意义。对目标进行拆解通常采用的是切割法。当然，不是机械地划分，更不是对等划分。例如，某企业制定了 1 亿元的年度营收目标，由旗下 4 个门店分担，根据门店的规模大小分别拆解为 1000 万元、2000 万元、3000 万元、4000 万元。

1个亿元级的目标划分为若干个千万元级的小目标，看似合理，实则不然。因为1亿元的目标是举全公司之力完成，而门店的千万元级目标则是基于部门之力完成，部门的人、物、财力资源又都是有限的，相对而言，目标的难度并没有降低，甚至还会升高。

按照以上拆解方法，为什么会出现千万元级目标比亿元级目标更难完成的现象？这就需要结合滞后性指标来解释。采用滞后性指标进行拆解，拆解出来的1000万元、2000万元等小目标与1亿元总目标本质上是一样的，甚至连实施路径都一样。

正确的做法是用驱动指标（I）来拆解，因为滞后性指标的运行逻辑是加减法，驱动指标（I）的运行逻辑是乘除法。以电商为例，电商有一个经典公式：销售额＝流量 × 转化率 × 客单价。

同样是1亿元的销售目标，根据公式中的各个组成元素，可以拆解为100万的流量、10%的转化率、1000元的客单价。这几个小目标相比1亿元的总目标实现起来要简单得多。在互联网高度发达的今天，获取100万的流量或10%的转化率并不难。

拆分目标不是简单地化整为零，而是在执行思路、底层逻辑上也要有所转变，让执行者做起来更加简单、轻松。

3.2.4 策略路径（S）

对目标进行拆解后，接下来就是确定采用什么样的策略（S）去做。正确、高效的策略才能促使目标更好地达成。然而，很多中小企业经营者在对目标拆解后不是找策略，而是直接行动。策略（S）是连接目标（G）和行动（A）的桥梁，必不可少。

仍以电商企业为例。当确定1亿元的销售目标并进行驱动指标拆解之后，企业就应该探讨实现各个目标的策略，是自己搭建平台还是与第三方合作，是细水长流、薄利多销还是采用大客户策略。

能够助推目标达成的策略其实有很多，哪种更适合，以及应该如何选，要参考 3 个维度，分别为核心业务、新增机会和效率比。

首先是确定核心业务，这是最有可能助推目标达成的一个维度。企业如果能把自己的核心业务做大、做强，就很容易形成竞争优势。其次是抓住新增机会，即找到可能带动业务实现新增长的机会，并以此为基础形成独特的竞争优势。最后是提升效率比，通过优化组织能力、降低成本等手段实现策略的突破。

日本有一家企业推出了一款蓝领咖啡，这是专门针对蓝领工人而推出的一款产品。该企业鉴于当时蓝领工人非常多，而且没有喝咖啡的习惯，敏锐地察觉到这绝对是一个需求潜力大的空白市场。于是，该企业将该业务作为自己的核心业务去做，并通过标准化和聚焦新品等手段快速形成了执行方案。

接下来是具体的执行。当时，该企业做了详细的市场调研以验证方案的可行性。

第一次，他们针对 10 个工厂的工人做了一份调查问卷。问卷中有这样一个问题："现在，如果我们推出一款特殊的咖啡，请问你们喜欢喝微甜的，还是微苦的？"结果显示，大多数人选择了微苦的。

第二次，针对同一调研对象提供免费品尝的机会以进一步验证，在每个工厂分别摆 100 瓶微苦和微甜的咖啡，供工人免费品尝。结果是微甜口味的咖啡瞬间被领完。

最终，该企业从第二份调研结果中发现了新机会。当第二次的调研结果与第一次大相径庭时，该企业就结合被调研对象的心理进行了详尽的分析，得出的结论是大部分人之所以选择微苦的，可能与潜意识里认为咖啡本就是苦的有关，而内心喜欢甜咖啡但又跳不出常规思维的限制被迫选择了苦咖啡。于是，该企业反其道而行之，将主要业务定位为生产微甜口味的咖啡。

以上案例说明，企业只确定目标还不够，还要想清楚目标达成的具体策略。这就像登珠峰前要先规划好登山的路径一样。企业在战略落地前也要审时度势，找到最适合的方法。很多中小企业恰恰是忽略了这一步，从而导致在执行上没有形成合力。

3.2.5 行动计划（A）

有了可行的成果目标（G），有了合适的策略路径（S），很多中小企业又陷入了另一个怪圈，那就是无论什么目标，在沙盘上推演得很好，当真正落地时却发现无法顺利完成。这就是因为行动计划（A）不够准确。

行动计划有 4 大属性，如图 3-8 所示。

● 关键

会对策略路径产生杠杆作用，是关键举动

● 可控

是（相对）可管控的活动

● 高频

是高频率的活动，周期为1～2周

● 产出

必须具有可衡量性，衡量最直接的产出是什么

图 3-8　行动计划的 4 大属性

还是以减肥为例。成果目标是保持 100 斤的体重。策略路径就是控制体重的方法，方法有多种，如锻炼、控制饮食、服用药物、抽脂等。综合各方面考虑，假设选择了锻炼、控制饮食这两条路径，并且制定了对应的策略：每天通

过饮食吸收的热量不得高于 1500 千卡（S1），每天通过锻炼消耗的热量必须达到 2000 千卡（S2）。最后，为了确保目标的实现，必须制定对应的行动计划（A），针对 S1 每天吃两顿减肥餐，针对 S2 每天做 40 分钟的有氧运动。

很多中小企业的战略目标无法落地，就像减肥很难控制体重一样：要么只有想法，没有方法；要么有想法、有方法，但没有行动。GISA 就是要解决这样的问题，通过选择合适的 I、S，管控 A，有效地推动 G 的实现。

3.3　高效团队管理：高效执行来自有效管理

有了清晰的战略规划，执行力却不佳，就无法取得理想的绩效。执行力不理想，很多经营者习惯把症结归于员工，认为当高层制定目标后，执行就是员工的事了。其实最应该改进的是经营者，高效的执行是建立在有效管理的基础上的。

3.3.1　打造执行力文化

大企业都十分注重打造执行力文化。然而，不少中小企业却忽略了这方面。执行力文化是企业文化的一种，是指把“执行力”作为所有行为的最高准则和终极目标的文化。

打造执行力文化可以提升执行人员的执行力。中小企业经营者在经营管理中要营造良好的执行力文化，用文化潜移默化地改变执行人员的意识，影响和感染执行人员的行为，引导企业中所有人为总目标的实现而努力。

那么，中小企业如何打造执行力文化呢？具体可以从以下 5 个方面入手，如图 3-9 所示。

图 3-9　打造执行力文化的 5 个方面

（1）以人为本

坚持以人为本是打造执行力文化的出发点和落脚点，是重视“人”这种资源的集中体现。当然，这里的“人”是广义上的，不仅包括内部员工，也包括客户。

员工和客户是企业的两大重要资源，文化既要尊重员工，也要尊重客户。员工为企业带来客户，客户为企业带来收益；企业战略的执行靠员工，而企业利益的维系则靠客户。无论从哪个角度看，坚持以人为本都是有必要的。因此，坚持以人为本就是要建立一支强有力的员工队伍，然后由此吸引高质量的客户。

（2）树立理念

企业必须有自己鲜明的经营理念，这是企业人格化的重要体现。就如同人要有自己的人生信条、做事原则一样，企业也要有可供所有人共同信守的理念。没有理念的企业就像一盘散沙，员工再多也是散兵游勇。

EDS 是一家全球领先的 IT 公司，最初只是美国通用汽车公司的一个信息服务部门。该公司曾困境重重，经营困难。CEO 迪克・布朗于 1999 年 1 月上任后，为该公司输入了多项新理念，让企业彻底发生了变化。

迪克·布朗做的第一项工作就是改变员工的信念与行为。在一次高管会议上，他要求与会者列出自己对公司过去5年经营理念的认知和理解，同时也要求列出未来还需要哪些新理念。

结果发现，没有一个人提出让他赞同的理念，甚至部分高管、负责人提出的理念是错误的。例如，有人认为自己的企业从事的是成长较缓慢的产业，竞争激烈，利润又低，成长空间本就不可能达到较高水准。因此，只能扩大业务范围。业务做得越大，利润越多。布朗认为，这个理念必然导致企业资源配置的失衡。

正确的理念才能产生正确的行动。从这个角度看，没有好的理念，企业就没有灵魂，没有灵魂的企业自然无法产生强大的凝聚力。而在有理念的企业中，每个员工都像一束光，成千上万的光聚在一起，足以光芒四射、灿烂而有力。

（3）以制度为纲

打造执行力文化一定要先“法制”，后“人治”。法制是指制度，人治是指文化，法制是人治的保证。要想实现良好的人治，必须先有完善的制度。

很多中小企业在制度上比较欠缺，要么没有强大的资源和团队完善优化制度，要么制定制度后缺乏执行力。总之，没有完善、科学、执行性高的制度，没有制度的规范和约束，员工就无法与企业战略倡导的保持一致，更无法全身心、自动自觉地投入其中。

（4）知行合一

所谓知行合一，是指想法与做法要保持高度统一。例如，约定开会时间是9：00，就不能拖延到9：05。很多中小企业都有不成文的规定，那就是超过上班时间某一时段内不算迟到。例如，9：00 上班，9：01 到的人就默认为不算迟到。如果这样，不如直接改为 9：01 上班。企业绝不能明明规定 9：00 上班，而为出现破例留出弹性空间。

形成标准后就要严格遵守。无论是谁，如果怕出现“一刀切”的现象，企业可以制定一个弹性较大的、分层次的规则，但绝对不能肆意破坏。

例如，阿里巴巴有“永远客户第一”的规定，要求每位员工在为客户提供服务时必须遵守。但是，阿里巴巴在具体执行上却没有“一刀切”，而是将评选标准划分为 5 个等级，每条相应的分值都写得清清楚楚，最后根据标准进行绩效打分，具体如图 3-10 所示。

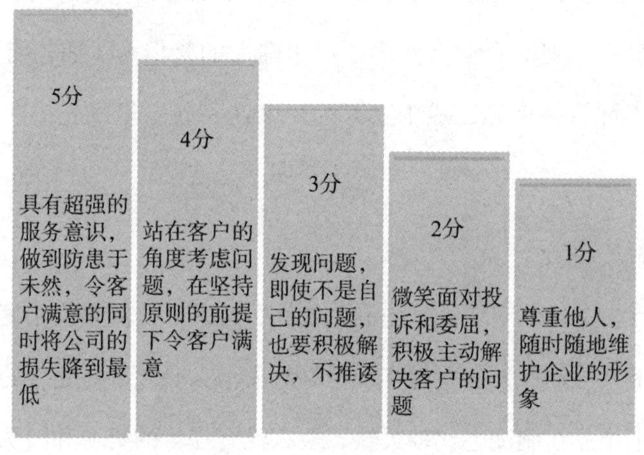

图 3-10 阿里巴巴的“永远客户第一”工作评分标准

如果遇到特殊情况，上级还会与员工一起探讨。经过多次探讨，员工就明确了哪些事情是符合标准的，哪些事情是不符合标准的。这样员工对标准的理解也能与企业的要求尽量保持一致。

（5）形成习惯

执行力文化绝不是写在制度中、束之高阁就可以了，它需要与每个人的工作实践充分融合，通过实战验证不断优化。有些一开始也许不是很完美，但经过多次实践就能找出差距，从而根据差距进行有针对性的调整。

执行力文化的打造不是短期的事情，企业需要长年累月地做，在方方面面达成共识，并真正印在每位执行人员心中。只有这样，才能促使执行力形成一种习惯，实现永久传递。

3.3.2　统一管理语言

管理语言是现代企业管理的基础，尤其是在业务复杂、管理层级多、体量大、人员多和专业性强的企业。如果无法做到管理语言统一，就会加大信息传递难度，让执行力文化大打折扣。因此，打造执行力文化很重要的一步就是统一管理语言。业务规则、财务规则、议事规则、行为规则等都要有一套约定俗成的，在所有人心中达成共识的语言体系。

管理语言通常有 4 种，如图 3-11 所示。

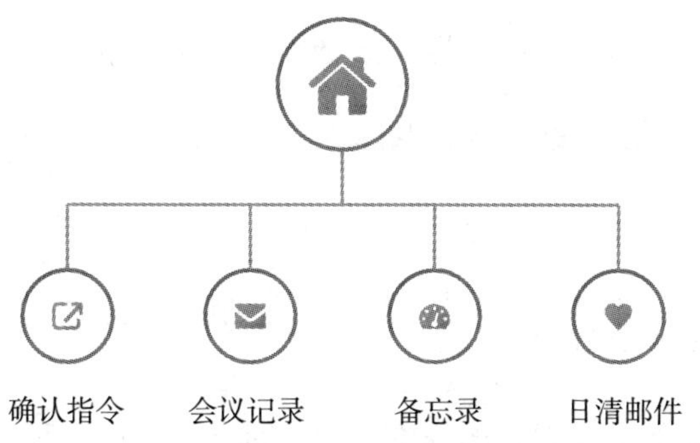

图 3-11　管理语言的 4 种常见形式

（1）确认指令

执行某项决议必须建立在统一的确认指令性语言的基础上。语言准确与否关乎执行的效率，甚至成败。例如，上级就某一通知欲与下级进行沟通，在传达时丢失、弱化了某个关键信息，而下级在接收时没有意识到，或者意识到了也没有及时、准确地反馈给上级，那么这样的沟通就是无效的。

拉卡拉有“十二条令”的规定，该规定是对确认指令性语言很好的诠释。“十二条令”明确规定：员工收到上级的指令后，必须在第一时间做出明确答复。对于简单的指令，回复“收到”并重复指令；对于复杂的指令，回复执行要点；如果需要支援，也要在回复中明确提出。

拉卡拉的“十二条令”为所有企业提供了一个很好的模板，其具有3个要点，如表3-5所示。

表3-5 “确认指令”的3个要点

要点	具体内容
使用相同渠道回复	必须以相同的渠道回复，以确保上级收到
在第一时间回复	收到指令必须在第一时间回复，每次都要回复，直到上级不再发出指令
视情况而回复	指令分为简单任务和复杂任务：简单任务只需确认收到及重复指令即可；复杂任务则需要详细回复，如预计何时完成、实施要点、无法完成时需要哪些支援等

这里一定要注意对任务难易程度的辨别。难易程度不同，回复方式也不一样。任务简单还是复杂由接收人决定，接收人要根据自己的实际情况分辨。

（2）会议记录

会议记录是记录会议召开的详细情况、具体内容的一种文本，是一种非常重要的管理语言。会议记录将会议中产生的重要内容记录下来，形成会议结论和落实方针，以供相关人员参考。按照规定，会议记录会作为企业文献存档，以备不时之需。

很多时候，难的不是开好会，而是做好会议记录。做好会议记录至少要做到以下 5 点，如图 3-12 所示。

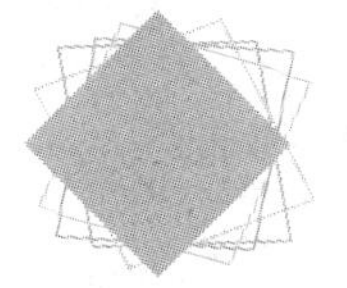

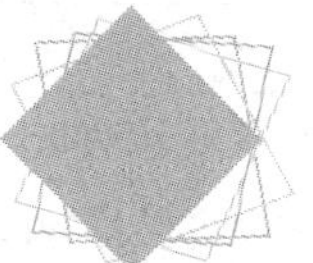

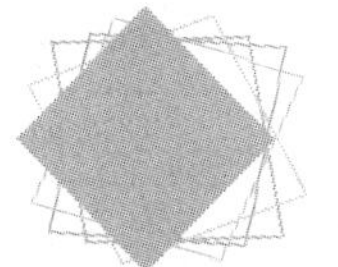

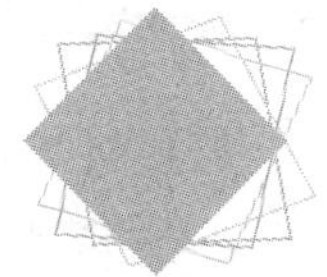

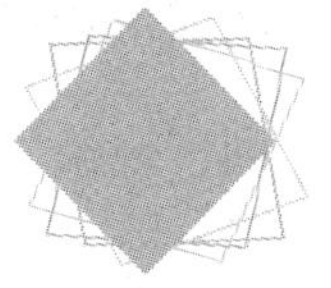

图 3-12　做好会议记录的 5 个要点

需要提醒的是在做会议记录时，工具的选择非常重要。“工欲善其事，必先利其器”，工具可以大大提升会议记录的效率和准确度，必要时还可以在会议结束后对记录进行查缺补漏。

常用的会议记录工具有钉钉、腾讯会议等。这些工具的识别度比较高，功能非常强大，录制完可以直接自动提炼出会议逐字稿。

（3）备忘录

备忘录是简单说明备忘事项的一种资料，多是对某一事件具体、简单的说明，或记录由事件引出的观点、论点和辩驳等，目的是便于记忆和核查。

在管理活动中，备忘录也是一种重要的管理语言。该语言最大的特点是即时性高，用于确认、提醒接收人在短时间内或马上去做某件事情。而且，形式也比较灵活，可以是纸质的，也可以是电子邮件、短信、微信等。撰写备忘录需要把握两点，一个是撰写技巧，另一个是撰写时机。

备忘录的撰写技巧如表 3-6 所示。

表 3-6 备忘录的撰写技巧

序号	具体内容
1	交代清楚备忘录的目的
2	简明扼要地描述事件；如有多个事件，最好一句话说明一个事件
3	使用语言一定要准确，避免接收人产生歧义
4	最后一句话总结，告知接收人尽快做出反馈

备忘录通常在 3 个场景中会用到：第一，与上级谈完工作之后；第二，需要将自己的想法传达给同事或相关部门时；第三，需要将与合作伙伴的一些约定传达给对方时。

（4）日清邮件

日清邮件是比较传统的管理语言，要求必须对收到的所有邮件在发件人发出的 24 小时内做出答复。之所以要这样做，对于发件人而言是及时反馈的需要，便于对方开展下一步工作；对于自己而言是保证工作效率、养成良好工作习惯的需要。

当发现自己可能无法做到日清时，要及时报告。及时报告分为及时求援、及时汇报、及时通报、及时回报 4 种。4 种形式的使用场景不同，具体说明如下。

①及时求援

及时求援适用于当发现自己可能无法完成任务时，求援对象可以是同事，也可以是上级、上级的上级。

很多人对此有误解，即使工作中遇到困难也不愿意第一时间求援。其实这是错误的，求援不丢人，完不成工作任务才丢人，甚至会丢掉工作。同事是协助自己完成工作的最佳对象。同事无法解决的，再选择上级或上级的上级，他们可以为任务的完成把握方向、提供后援。

②及时汇报

汇报的对象是上级，目的是让上级及时掌握自己的工作状态和进度，多适用于发现新情况、需要采取新措施时。

汇报要坚持宁多勿缺的原则。需要注意的是要讲究方式方法，不要让汇报工作对上级的工作和生活造成干扰。移动互联网的发展为我们提供了很多新工具，邮件、微信、短信等都是避免骚扰上级的汇报方式。

③及时通报

及时通报适用于自己看到的、遇到的或正在做的，可能对自己的合作者产生影响，需要将情况向相关方说明时。通报的对象是自己的合作伙伴及同事，目的是让对方尽早知晓工作的情况，更好地协助自己。

④及时回报

及时回报是针对自己承诺的对象，这个对象可以是上级，也可以是平级、下属。例如，与同事 A 合作完成一项工作，在执行过程中发现任何与最初约定不同的变化都要第一时间向 A 回报。

需要注意的是你将工作中的问题及时反馈给对方，但对方没有根据你提供的情况及时进行调整，从而导致没有实现预期，这时你是不承担责任的；如果你没有及时反馈，无论什么样的原因导致没有实现预期，你都是要负责任的。

笔者在安排工作时经常使用的一种方法是“一五十”工作法，即将任务分为三个阶段进行汇报，完成 10% 时汇报一次，完成 50% 时汇报一次，完成 100% 时汇报一次。

完成 10% 时的汇报是防止在文字层面有理解上的误差。因为在沟通初期，双方即使达成了共识，很多事情也是没有办法 100% 地表述清楚的。所以，在完成 10% 时汇报，就可以判断对方对任务的理解与最终预期是不是一样的。例如，要写一篇策划案，10% 应该是完成大纲。

完成 50% 时汇报第二次，重点是检查对方对整体项目的完成程度。这里的 50% 有两层意思，一层是工作进度到 50%，另一层是工作时间到 50%，这两者谁先到谁汇报。工作进度先到 50%，时间没到，就先按工作进度汇报；工作进度没有到 50%，工作时间进行一半时，也要主动汇报。

假设某个任务要求 10 天完成，第 5 天必须汇报一次。而且，这次汇报会有一个默认的协议，即如果项目需要延期就必须告知。换句话说，如果该任务 10 天无法完成，最重要的不是延期，而是必须在 50% 这个时间节点汇报，否则就默认 10 天必须完成。

最后是在 100% 完成后的汇报。这时的汇报就是全面的总结报告，需要严格按照总结报告的要求写。

笔者会对团队中每个人进行明确说明，让每个人养成及时汇报的习惯。而且，这个习惯并不只针对长期任务，即使 3 个小时的任务也是如此。上午 9：00 布置的任务，要求 12：00 完成。但如果在预定时间无法完成，那么在 10：30 汇报时必须说明，并解释清楚无法完成的原因。如果 11：00 点才告知，就意味着违反了规定。

3.3.3 善用线上工具

很多企业已经实行无纸化办公，对线上办公工具的依赖很大。随着互联网、移动互联网的发展，线上工具的类型也越来越多，除了专业的管理系统，还包括各类社交平台、App 等，最常用的如 TB、钉钉、OA 及微信。

以 TB 为例（全称 teambition，阿里巴巴旗下的团队协作工具），它以项目和任务的可视化管理支撑企业团队协作，包含任务、文档、文件、统计、甘特图等多种功能，尤其适合行政、财务、人事等部门的比较繁琐的日常管理工作。例如，财务工作中什么时候需要提交报表，什么时候需要交社保，只要利用这个软件，按照要求将每个事项写上去即可，需要时基本上都是一键操作，特别便捷，并且还有到点提醒功能，从而避免了耽误工作。

线上工具大大解放了管理者，提高了管理效率。公司往往会有多个项目，而管理者的精力又是有限的，同时开展的难度极大，这时就可以借助线上工具。笔者在 2018 年同时担任 4 家公司的总经理，各家公司又相距较远，分布在 3 个不同的城市，因此大多数时候只能依靠线上工具。

有了线上工具的辅助，工作效率得到了极大提升。例如，A 公司要召开工作会议；B 公司又要准备一场营销活动，需要马上策划一份方案。两件事情几乎是同时进行，一时无从下手。这时就可以借助线上工具一边开会，一边做方案大纲。因为现在很多线上工具的功能很强大，它可以自动生成比较完美的策划案框架，让你理清策划某类活动的大致步骤有哪些、关键节点是什么等，脉络清晰，主次分明。你只要花点时间，结合实际情况完善细节即可。

线上工具还有一个优势：操作方便。大多数工具操作起来比较简单，如果你实在不会使用，还可以学习线上同步课程，有专人演示。因此，善用线上工具，对于中小企业经营者的日常经营、团队沟通都是非常有利的。

需要提醒的是中小企业经营者千万不可过度依赖某一个线上工具，而要根据工作的实际情况选择最适合的。这里包含三层重点：第一，不要只用一个工具，更不要只有一个工具；第二，每个工具都不是万能的，要了解它的适用场景；第三：防止思维固化，看起来像钉子并不意味着真是钉子。

3.4 复盘：迭代速度决定了增长速度

优秀企业成功的关键不仅与产品、商业模式有关，更与经营者善于做复盘有关。复盘的速度决定了企业的增长速度；复盘工作做得越好，企业增长就越快。

3.4.1 复盘的类型

经营者只有做好复盘，才能不断总结以往工作中的经验，发现不足，持续改进已有的产品和服务。现在很多大型企业热衷于做精益项目，这就是对复盘工作加以重视的体现。精益项目即先做一个可行性较高的产品，推向市场，以对市场需求、消费者需求进行试探；然后根据市场和消费者的反馈做复盘，最后完善产品。因此，中小企业经营者应该将复盘当作一项重要的管理活动。

做好复盘的前提是分清复盘工作的类型。按周期划分，复盘可以分为日复盘和周 / 月复盘。

（1）日复盘

顾名思义，日复盘是以天为单位，对当天工作进行复盘的一种形式，多采用 OGFR 法，如图 3-13 所示。

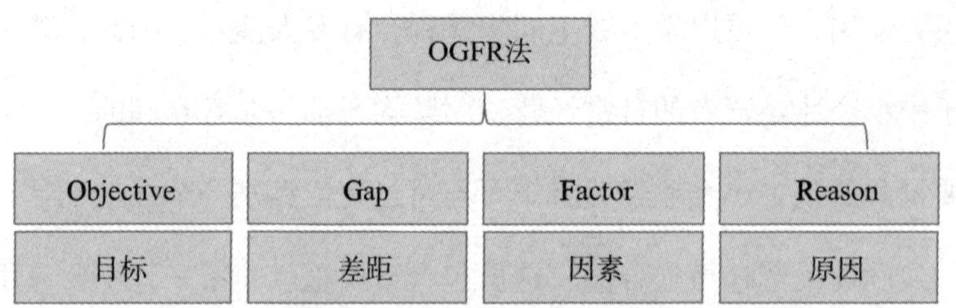

图 3-13　日复盘的 OGFR 法

OGFR 法大致有 4 个步骤：第 1 步对目标进行回顾；第 2 步分析现状与预

设目标的差距；第 3 步分析当时是鉴于哪些因素考虑的，现在这些因素是否仍然合理；第 4 步分析为什么会考虑这些因素。

日复盘是周 / 月复盘的起点和基础，但由于仅限当天，因此要求更高、难度更大。企业是否需要天天做复盘，要视实际情况而定。而且，管理水平越高，日复盘的精确度越高。

（2）周 / 月复盘

周 / 月复盘是两个周期的复盘，即每周一次复盘和每月一次复盘，但在具体执行上通常是二选一。当以周或月作为复盘周期时，复盘的核心就不再是“目标”，而是“假设”。

“假设”是周 / 月复盘的关键词。下面以月复盘为例，模拟一个复盘情景。

某团队当月没有完成预设的 1000 万元销售目标，只完成了 800 万元。

复盘人员问：“1000 万元的目标是不是当初全体成员的共识？”

如果对方说“是”，紧接着问第二个问题：“上个月定这个目标时，有多大的把握实现？”

对方说：“非常有把握，90% 以上。”

当时有如此大的把握，一定是基于某个前提条件。这时引出第三个问题：“你是基于什么得出这个结论的呢？”

对方说“因为我发现竞争对手都是这样做的”，或者“我们开辟了新市场，只要 3 个月就能做到”。

其实，这两种依据都是不符合逻辑的，也是目标无法达成的主要原因。正确的做法是按假设先试行一个月，到月底再分析这种依据是否可靠；如果不可靠，要及时分析为什么不可靠，是依据自身的问题，还是执行力的问题。

3.4.2 高效复盘的步骤

很多中小企业经营者对复盘有一个认识误区，认为复盘只是对往期“做了什么”的一种简单的记录与反思。例如，公司在每周一都会举行各部门管理人员的集体例会，文员会把会议内容记录下来，发给参会人员以供参考和讨论。其实，这不是真正意义上的复盘，至多是一个会议记录。

如果仅仅是为了记录，就失去了复盘的意义。复盘的主要目的是寻找对未来有用的信息。那么，如何寻找“有用的信息”呢？

（1）绘制作战地图

绘制作战地图是复盘的第一步，这与指挥官打仗时必须拥有一张详尽而精确的地图一样。地图在战争中发挥着“无声向导”的作用，可以用于研究战略方向、研究各种战术及指挥、协调多兵种作战。

军队打仗离不开地图。同样，企业的复盘也少不了“地图”。作战地图是企业经营者组织、指挥复盘这场“战争”不可缺少的工具，通过好的作战地图可以多快好省地分析以往工作取得的成绩、存在的不足、未来的工作计划、总体发展方向及具体实施举措，从而为企业战略目标的高效执行奠定基础。

好的作战地图要具备 3 个特点。第一，足够清晰、简单；第二，让每个参与成员都看得见；第三，在最短时间内能够展现 GISA 中的 G 和 I。例如，5 秒内就能够看到自己想要的信息，这个最短时间极为关键。当然，5 秒只是一个理想时间，不一定要控制在这个时间内。

另外，绘制作战地图还需要建立衡量战略目标的指标体系，同时要搞清楚如何使用这些指标。例如，衡量一个新品的销售额是否达标，只用销售部门指标或市场部门指标是远远不够的，还要产品、研发、财务多个部门指标的配合。

（2）高效召开会议

复盘的第二步是召集相关人员开会，这也是提高复盘效率的有效方法。开会贵在效率。很多中小企业的开会效率很低，原本计划 2 小时解决 10 个问题，结果第一问题就讨论了 1 小时，最后的结果就是要么延长会议时间，要么对其他问题匆匆讨论了事。所以，提高会议效率很重要，可从以下几点做起。

①对所有问题进行排序

会议不需要解决所有问题，通常是解决最重要的几个。这就需要在召开会议之前对所有问题按照轻重缓急进行排序。假设有 20 个问题，先花 5 ～ 10 分钟对问题进行排序，确定最重要的 3 ～ 5 个在会上优先解决。

②将大会拆成小会，分阶段进行

一个会议可能有多个议题。为了提高会议效率，可按照议题将大会议分割成若干个小会议，分阶段进行。会议开始前，用 10 ～ 20 分钟重新确定议题，对会议中涉及的问题进行整体规划。

例如，每个部门挑 1 ～ 2 个议题，5 个部门就是 10 个，但本次会议又不可能全部讨论完，或者不可能高质量讨论完。所以就要对 10 个议题做出规划，例如，某个人提的议题在第二阶段进行讨论，那么其完全可以不参加第一阶段的会议。

③分清战术性议题和战略性议题

战术性议题和战略性议题的重要程度不一样，因此在会议上解决的时间也不一样。一般来讲，战术性议题在日会议上讨论，战略性议题在周 / 月度会议上讨论。

那么，什么是战略性议题，什么是战术性议题呢？其实两者是相对的关系，非此即彼。换句话说，一个议题如果不是战略性议题，就必然是战术性议题。原则上是这样，但也有特殊情况。鉴于此，我们要搞清楚两类议题的概念。

战略性议题一般是指对企业生存发展或战略实施有重大影响的、内部或外部的议题。这类议题一般包括5类，如图3-14所示。

图3-14 5类战略性议题

区分战术性议题和战略性议题，有一个最简单的方法，就是看时间长短。时间一般以30分钟为限，有效讨论时间在30分钟以下的议题为战术性议题，有效讨论时间超30分钟的议题就算战略性议题。

当然，这种方法也不绝对，是战略性议题还是战术性议题，除了看有效讨论时间，还要结合大家对该议题是否达成共识，议题的解决对企业、团队是否有重大的意义。对于一个议题，如果80%的与会人员达成共识，认为不是重大、关键、关乎企业全局的，那么讨论时间即使再长也不会定性为战略性议题。

与此同时，一些在特定情境下可以转化为战略性议题的战术性议题尽管讨论时间很短，也必然是战略性议题。例如，某议题刚讨论了10分钟就发现有重大漏洞，可能会对企业决策造成重大影响，那就必须认定为战略性议题。

④营造会议冲突

提升会议效率的常用技巧是营造会议冲突。一个会议的整个过程如果完全没有冲突，那么这个会议的召开效果肯定不会太好。当然，这个冲突是良性的。所以，会议上一定要找到良性的冲突点，目的就是带动每个与会人员充分参与。

那么，什么是良性冲突呢？其有 3 个特点，具体如图 3-15 所示。

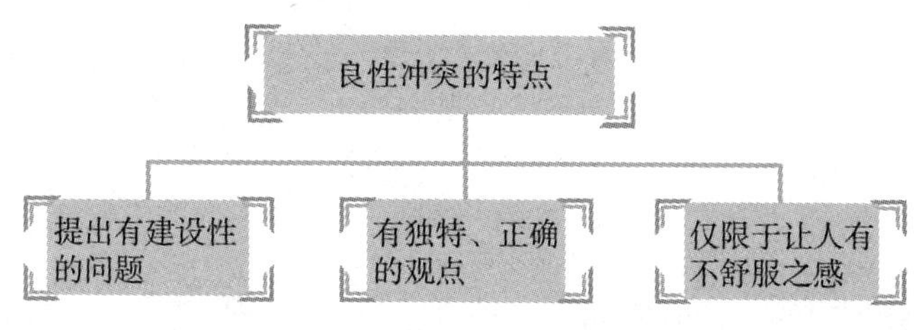

图 3-15　良性冲突的 3 个特点

当然，借良性冲突恶性打击同行的也不在少数，为了避免恶性冲突的发生，会议的所有参与人员要建立一个契约。有了约束或规范，当发生不良冲突时，每个人就有更大的勇气去制衡，更加专注于问题的解决，而不必担心自己的意见和建议造成的后果。

建立冲突契约的具体做法是每个人将自己喜欢的、不喜欢的都写出来，然后合并同类项，找出共性。建立冲突契约的要点如图 3-16 所示。

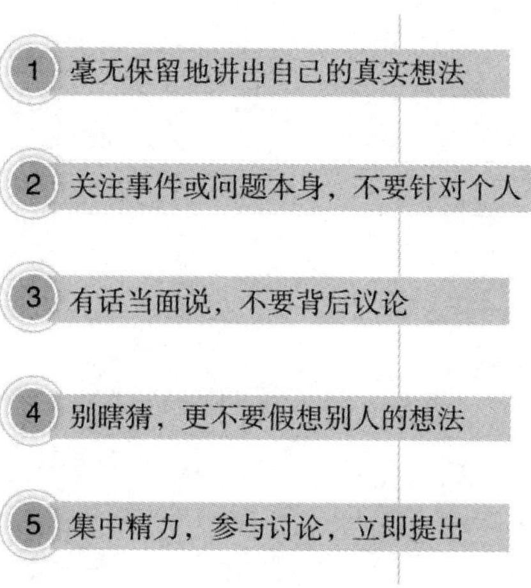

图 3-16　建立冲突契约的要点

第 4 章

组织增长

组织是为实现战略目标而形成的团体，是实现战略目标的重要基础和载体。而战略目标的实现又依赖于组织的不断增长。很多企业的战略目标很难实现，主要原因就是组织结构不合理、不完善，或者增长动力不足。

4.1 组织创新是组织增长的必要条件

中小企业与大型企业的最大区别在于组织是否有增长潜力及增长潜力的大小，而组织是否有增长潜力及潜力的大小又与组织的创新能力密切相关。组织必须有足够的创新能力才能保持持续的增长，企业可以从以下 4 个方面进行组织创新，如图 4-1 所示。

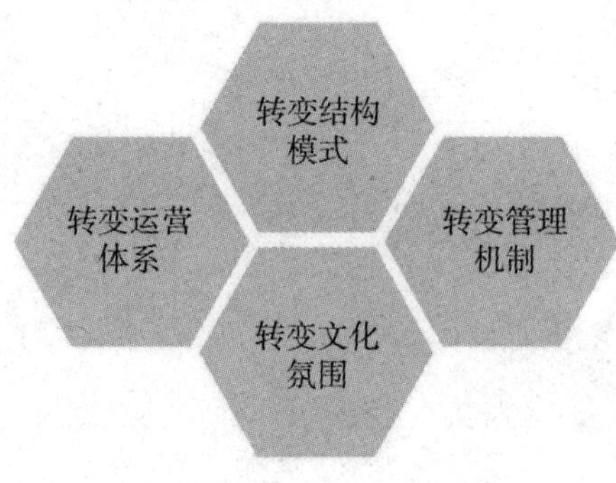

图 4-1 组织创新的 4 个方面

（1）转变结构模式

任何组织都有特定的结构模式，然而，很多中小企业的组织结构是不合理的。例如，与业务性质、企业战略不匹配，操作、执行性差，从而导致组织无法发挥应有的作用，释放不出整体性效率。这时，企业就需要对组织的结构模式进行变革和创新。

（2）转变运营体系

运营体系是组织生存的关键，它决定着组织的经营成果。组织能否找到适合的运营体系并不断完善，决定了一个组织的未来。

组织的运营体系能否为企业带来竞争优势，最终体现在企业能否为用户创造价值上。不对整个运营体系进行完善，将会弱化组织创造价值的能力。

（3）转变管理机制

管理机制是组织运营的保证。一个组织区别于另一个组织，最主要的就是看管理机制。从这个角度看，组织创新必须对管理机制进行创新，而且是成体系、大面积地转变。

然而，很多人对机制层面的创新只着眼于一个方面。例如，绩效差，就只对激励方式进行改变，或只对管控方式进行改变，这是远远不够的。通过改变一点就企图解决所有问题，是很难实现全面创新的。

（4）转变文化氛围

组织如果没有自己的文化，就会缺乏凝聚力。文化氛围对组织创新的影响非常大，而且是长期、潜移默化的影响，表现在组织成员是否拥有共同信念、核心价值观和期望。

组织文化的氛围与高层领导（如首席执行官）的重视程度有关，通常需要企业高层亲自践行。因此，组织的主要领导首先应该重视文化建设，积极营造文化氛围。

笔者曾服务过浙江的一家链条公司。该企业在当地链条行业中是规模较大的，但员工流失率非常高，同一岗位几乎月月换人。原因就在于组织结构缺乏浓厚的文化氛围。

没有文化的支撑，员工就没有安全感、荣誉感、责任感。当员工人人都想着高收入，将努力的焦点都放在“挣多少工资”上时，整个团队必然会出问题。

文化的凝聚力往往在企业、组织最艰难时才能显现出来。因为在企业或组织不如意时没有文化的支撑，员工忠诚度很低，最先想到的可能就是跳槽。

笔者在服务该企业时做的第一件事情就是加强文化方面的建设。一年后，员工离职率就从120%降到40%，每个员工眼中不止有工作，还有与企业共进退的荣辱感。

组织中有很多问题，在很多时候仅用规章制度是无法解决的，还需要文化，并且需要不断对文化进行强化和创新。

4.2 组织增长的3种形态

组织实现增长的形态有3种，企业在不同的发展阶段需要使用不同的组织增长形态，以更好地匹配战略目标的达成。

3种组织增长形态有各自的实施举措，自生式增长是打造黄金原点，平台式增长是进行系统赋能，整合式增长是做高价值链。

4.2.1 自生式增长：利用黄金原点增强企业的自生能力

对于中小企业而言，尤其是处于起步阶段的中小企业，最重要的是打基础。自生式增长正是这样一种形态，侧重于业务端，目的就是为未来盈利夯实根基。

保证实现自生式增长的有效举措是打造黄金原点。黄金原点中的“点”是指企业所有业务体系中最小、最优的业务单元。它包括两层含义，一个是最小的，另一个是最优的。换句话说，在此阶段，只要能抓住符合这两点要求的业务单元并进行精细化运营，企业实现盈利并不是难事。

黄金原点策略提倡企业在初创期不要盲目扩大规模，只需针对黄金业务单元集中开少数几家。在这个阶段，规模不是关键，而是要确保所做的是最优、成本最低、最赚钱的项目。

喜茶是 2012 年创立的一款新锐茶饮品牌，起源于广东江门的一条小巷，以一杯原创芝士茶开启了新茶饮时代。它采用的发展策略就是以茶饮为黄金原点，通过开设标准店、Go 店、Lab 店（概念店）、副品牌（喜小茶）店等将整个品牌拆分至最小。

鉴于此，喜茶有 4 个细分黄金原点，并针对每个黄金原点设立了 4 个不同类型的店铺，其具体运营策略如表 4-1 所示。

表 4-1　喜茶的黄金原点运营策略

主品牌——喜茶					副品牌——喜小茶
门店类型	标准店		Go 店	Lab 店	标准店
	标准店	热麦标准店			
地址	大型商场及休闲场所	大型商场及休闲场所	写字楼办公区域及社区	大型商场	三四线城市
规模	单层店铺 100 ~ 200 平方米	单层店铺 100 ~ 200 平方米	单层小店铺及柜仓 50 ~ 100 平方米	双层及以上超大店铺 200 ~ 400 平方米	单层小店铺 50 ~ 100 平方米
经销模式	线下点单为主，线上点单和外卖	线下点单为主	线上点单及自提柜	线上线下沉浸式体验	线下点单为主
主要产品	茶饮	茶饮 + 烘焙	茶饮	茶饮	茶饮
单店投入	400 万 ~ 500 万元		180 万 ~ 200 万元	1000 万元	150 万 ~ 180 万元

（续表）

门店类型	标准店		Go 店	Lab 店	标准店
	标准店	热麦标准店			
客单价	单杯均价 28.2 元，全国平均客单价 54 元				5 ~ 11 元
营业额	110 万元 / 月		45 万元 / 月	超 200 万元 / 月	—
标准员工	15 人	15 人	10 人	30 人	10 人
盈利利润率	26%			30%	32%
回报周期	9 ~ 12 个月，最长不超过 16 个月				

喜茶初创时只有标准店一种形式，前 100 家全部是标准店，店铺规模、资金投入、员工数量等都是统一标配，单店面积 100 ~ 200 平方米、单楼层、15 位员工、400 万 ~ 500 万元的资金投入。事实证明，这种策略是对的，店面净利润率平均 26%，回报周期为 9 ~ 12 个月。

标准店做大做强后，盈利基本趋稳，喜茶才逐步增加店铺的类型，如 Go 店、Lab 店等。

Go 店一般是最赚钱的店，投入比较少，利润率高，特别是机场店的利润空间更大。Lab 店也叫概念店，这类店铺的规模比标准店大一倍，面积通常在 200 ~ 400 平方米；单店投入也比较多，在 1000 万元左右。而规模大、投入高也成为这种店铺的潜在风险。想稳定盈利，控制毛利率是关键，通常要控制在 65% ~ 68%。所以，当没有足够的经济实力做支撑时，中小企业应谨慎采用这种类型。

喜茶还有一个副品牌——喜小茶，主打下沉市场。如果说前几种产品线主要针对一线、新一线及二线城市，那么喜小茶则是针对三四线城市，这些城市的市场需求也非常大。

企业在使用自生式增长时，重点是打造黄金原点，具体步骤如图 4-2 所示。

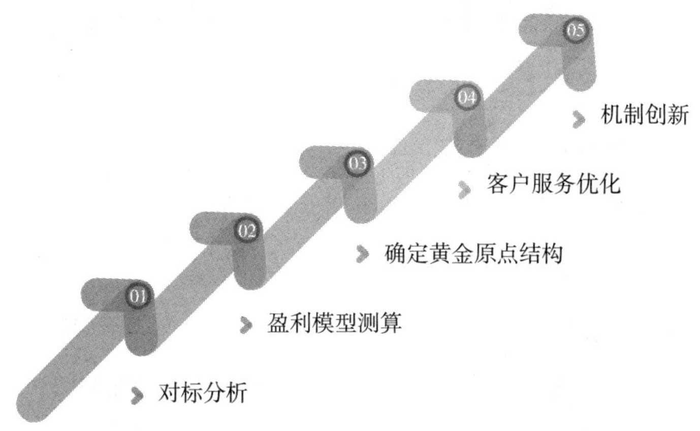

图 4-2　打造黄金原点的 5 个步骤

（1）对标分析

在具体对标上有两个维度，一个维度是本行业对标，另一个维度是跨行业对标。

本行业对标是指将同行业企业作为对标对象。例如，无论做火锅，还是做烤鱼，都属于餐饮业，只要是餐饮企业都属于对标的对象，因为它们的业态是相同的，底层逻辑是相通的。

跨行业对标是指将在某个方面做得特别优秀的非同行企业作为对标对象，主要对标其商业模式。例如，一家烤鱼店和一家技术服务公司的业态毫无关联，但商业模式可能是一样的。跨行业对标重在对标商业模式，只要对方的商业模式与自己匹配，企业就值得借鉴。

综上所述，中小企业在筛选对标对象时，至少要找两类企业：一类是本行业的企业，业态相似；另一类是跨行业的企业，商业模式相似。

（2）盈利模型测算

完成对标分析以后，就是进行盈利模型测算。如果企业经营者对盈利模型认识不足，或者盲目复制他人的盈利模型，就很容易导致利润严重亏损。

深圳有一家口腔连锁企业就出现了因盈利模型不合理导致严重亏损的情况。该企业的第一家店建在福永，生意一直不错，虽然只有100平方米、三四张牙椅，但是一年的利润却高达300万元。发现第一家店的效益不错后，该企业又沿用同样的模型在路对面开了第二家店。这家店的面积稍大一些，有200平方米左右，虽然盈利不及第一家店，但足以保持盈利。

由于利润可观，该企业紧接着又开了第三家店。该店是2000多平方米的旗舰店，地处黄金地点，上下两层，规模大，装修豪华。然而，令人没想到的是这家店的盈利成了大问题，甚至把前两家老店的利润全部拿来填补也不足以维持，最后导致整个企业的利润消耗殆尽。

企业无法盈利，说明盈利模型出了问题。案例中这家口腔连锁企业的前后反差之所以如此大，就是因为它的盈利模型只适合做规模较小的社区店，而不适合做大型、超大型的旗舰店。牙医门诊有一个很重要的规律，即投资回报周期长，开店前半年主要是养客，有的甚至长达一年，基本不挣钱。而规模大、投资多的店，回报周期一旦超过一年，基本都会亏损。

所以，如果决定扩张规模，企业一定要对盈利模型进行测算。上述案例中的这家口腔连锁企业，笔者有幸参与了其中部分策略纠正工作。当时，笔者把口腔行业常用的4种店铺类型——小规模社区店、中等规模社区店、大型旗舰店及超大型旗舰店的盈利模型都一一罗列出来，并核算了每种模型的净利润率，最终发现规模在200平方米上下的中等规模社区店的净利润率最高、投资回报周期最短。

所以，企业打造黄金原点时一定要对盈利模型进行测算。不同类型的店铺，利润率不同，投资回报周期也不同。在资金有限的情况下，企业一定要选择利润率最高、回报周期最短的盈利模型。

（3）确定黄金原点结构

确定对标对象、测算出理想的盈利模型后，接下来就是根据盈利模型确定黄金原点结构。所谓黄金原点结构，是指针对企业最小、最优的业务单元而组建的结构框架。接下来，仍以前文提到的口腔连锁企业为例进行分析。

根据盈利模型确定最优的方案，做 200 平方米的中等规模社区店后，接下来就是围绕该规模进行黄金原点划分。

将每个牙椅作为最小的业务单元，200 平方米的店通常配置 4 把牙椅，也就是 4 个黄金业务单元。一个单元配备 1 名主治医生、1 名助理医生、1 名护士。条件不具备时，助理医生可缺。

再加上其他人员，如店长 1 人、医务主任 1 人、护士长 1 人、咨询师 1 人。这样该店的黄金原点结构就出来，具体如图 4-3 所示。

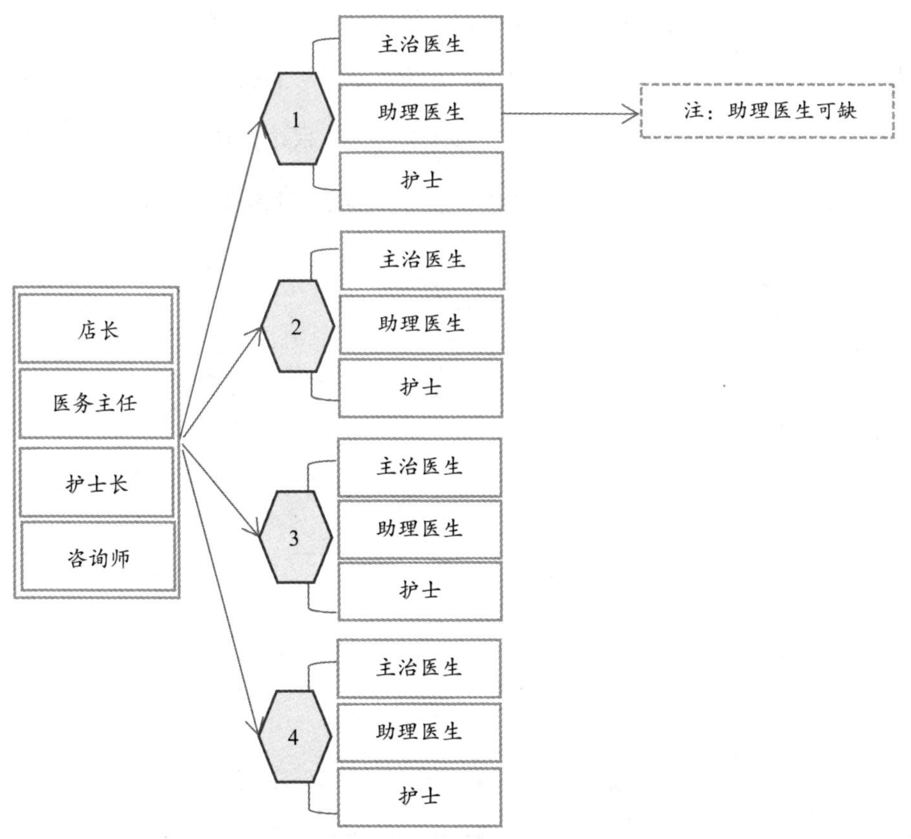

图 4-3　某口腔连锁企业的黄金原点结构

确定黄金原点结构后，就可以按照预设的净利润率推算出门店的投入成本，以及每张牙椅未来可能产生的绩效。

（4）客户服务优化

现在很多中小企业确立了用户至上、服务至上的经营理念，但在具体实践中却很难达到预期。有些企业表面上以客户为中心，但实际上在做的时候处处以自身为中心。

之所以会这样，是因为企业的业务流程、执行标准、运营系统都是围绕盈利而设计的，这个逻辑就错了。正确做法是坚持以用户需求为导向，不但向用户提供好的产品，还让用户拥有超高的体验。

当然，让各个环节都有超高的体验也是难以实现的，这里需要掌握一个定律——峰终定律，其变化规律如图 4-4 所示。该定律的内容是我们对某件事或某个人的看法与过程中极限和结束时的感觉有关。这个定律也说明了人对高兴或痛苦的持续时间并不敏感，而与高兴或痛苦的峰值和结束时的状态有关。

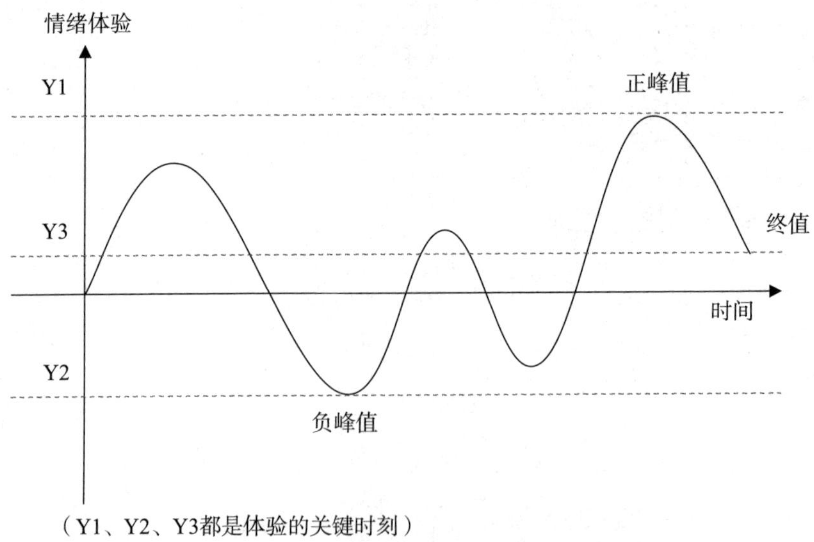

图 4-4　峰终定律的变化规律

这个规律的发现为企业管理打开了一扇窗户，便于形成多元化与极具特色的服务模式。也就是说，一项服务中如果能做好峰值和结尾等关键时刻的体验，那么用户对整个服务的过程都会感到满意。

亚朵酒店成立于 2016 年，之后快速崛起。快速崛起的原因与独特的服务体验打造有关，它将峰终定律发挥到了极致。在整个服务过程中，它设置了多项峰值体验。所以，尽管有些地方被人诟病，但凭借几项超预期的峰值体验，它也获得了非常好的口碑。

先说酒店的不足之处，即停车问题。该酒店的目标受众是经常出差的商务人士，由于这部分人基本没有停车需求，所以酒店一开始就没有预设太多的停车位。但对于酒店而言，没有停车场本身就存在很大的问题，大大限制了本地人或自驾游客的需求。

然而，这丝毫没有影响亚朵酒店在客户中的整体口碑，因为当初高层已经测算出停车不是基本需求，更不是必要需求。核心的目标受众是来自全国各地的商务人士，那就不能做成具有地域特色的度假酒店，否则是真正的南辕北辙。

亚朵酒店还有一个做得好的地方，即服务差异化。酒店将全部精力放在了优化服务上，即怎样让客户最满意。例如，客户刚进门，服务员就递上一杯茶水、3 分钟办理完入住手续、准备夜宵等。虽然这些都是很小的细节，但对商务人士却很重要。

亚朵还有一项免费的升舱服务。这项服务规定，当客户发现自己想入住的房型已被订完时，酒店会进行免费升舱。例如，前台服务员会说："先生 / 女士，不好意思，您要的房型已经没有了，我可以帮您免费升舱。"客户听到这句话时，也不会有太大的心理落差，因为有替代方案总比被直接拒绝更容易接受。况且，当真正住进加舱房后，根本不会与预期有太大出入，客户的不满心理会烟消云散。

亚朵酒店的另一个特色服务是在客户离开时，前台服务员都会送上离别小礼物。例如，前台服务员会说："先生/女士，是要赶飞机吗？送您一个加热眼罩，在飞机上好好休息一下。"这时客户肯定会有一种特别的幸福感。

由此可见，亚朵酒店的迅速崛起是有深层原因的，背后的逻辑就是巧妙运用峰终定律，围绕客户做体验服务。最佳体验不是面面俱到，而是要有特色、差异化、个性化。

（5）机制创新

为了优化组织的各部分及各生产经营要素之间的团队意识，提高协作能力，企业需要在机制方面进行创新。无论技术创新，还是商业模式创新，都必须以机制创新为基础。企业只对其他方面做出改进，而不对机制做出改进，就容易出现一个问题，即个人意愿和组织动能差。

意愿问题最终要靠机制来解决，机制创新激发活力。而机制是多维度的，机制创新也是多层面的，包括利益机制、激励机制、竞争机制、经营机制、发展机制及约束机制等。无论哪个层面的机制，如果做得好，就都能激活企业的个人意愿和组织动能。

4.2.2 平台式增长：构建共享与赋能式的信息后台

平台式增长是伴随着组织结构去中心化、平台化而出现的一种增长形态。传统的组织结构是科层式，也叫金字塔式，塔的顶端是高层领导，中间是中层管理者，底层是基层员工。这种结构的最大问题是信息传递效率及决策效率低。换句话说，就是各个层级相互割裂，或者仅靠几个点或线进行低纬度的联系。

例如，企业想制定一份新品市场调研计划，但由于平时接触客户的都是基层员工，中、高层手中的资料十分有限。这就涉及信息的双向传递：中、高层发出需求指令后，基层按照要求一层层上报；中、高层收到信息并做出决策后，再往下传递，让基层执行。金字塔式组织结构如图 4-5 所示。

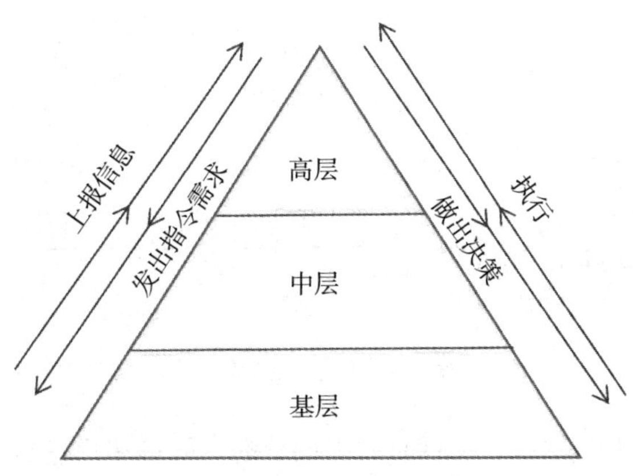

图 4-5　金字塔式组织结构

在这个过程中，信息的传递经历从上到下和从下到上两条路径，这样的路径非常不利于信息的传递，不但降低了传递效率，还有可能造成信息失真。基层主导着信息源，最了解客户需求，但没有决策权；中、高层有决策权，但又不了解市场，导致大部分信息无法在第一时间得到妥善处理。

信息传递路径过长，在如今这个快速迭代、快速应变的商业时代简直是灾难性的。要改变这种情况，企业就必须改变金字塔式组织结构，搭建一个去中心化的平台式结构。该结构是基层员工在前台唱“主角”，中、高层在后台搞后勤服务。这样可以强化前台、后台的分工协作，降低中间环节的无端消耗。

平台式结构的主要作用是赋能，包含两部分：一部分是管控，即后台管控前台，保证所有流程符合平台的特性并有序进行；另一部分是服务，即后台服务前台，前台服务客户，充分保证客户利益至上。

在平台式结构中，企业中、高层就是“搭台”的人，负责搭建规则和机制并赋予文化，管控基层能够有序执行，同时在此基础上提供更多便利，让基层执行者做得更好。平台式组织结构如图 4-6 所示。

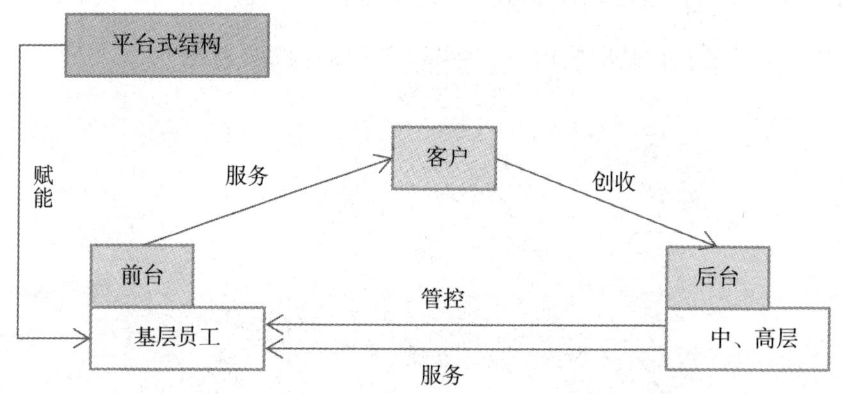

图 4-6　平台式组织结构

做好平台式组织结构，关键是权限的分配。服务客户是需要有权限的，而且只有具备相应的权限，基层员工才会迸发出无限的责任感。中、高层要放权，赋予基层最大限度的决策权。正如任正非所说，“把权力交给离炮火最近的那个人”。如果什么事情都等着高层审批、审核、做决定，下面执行的效率就会很低。

图拉斯是深圳蓝禾集团旗下的一个销售 3C 数码、智能车载设备、生活家电的平台。电子商务最难做的品类就是 3C 配件，对企业的整体运营效率要求很高。而图拉斯能成为行业头部企业，与实行平台式组织结构有关。

2018 年之前，图拉斯与大多数电商平台一样，将全部精力用在运营上。自 2018 年开始，图斯拉建立后台并直接受制于股东及董事会。后台囊括了绝大多数职能岗位，对前台产品中心和销售部两大团队进行赋能，从而实现了组织的高效运行。

图斯拉的组织结构如图 4-7 所示。

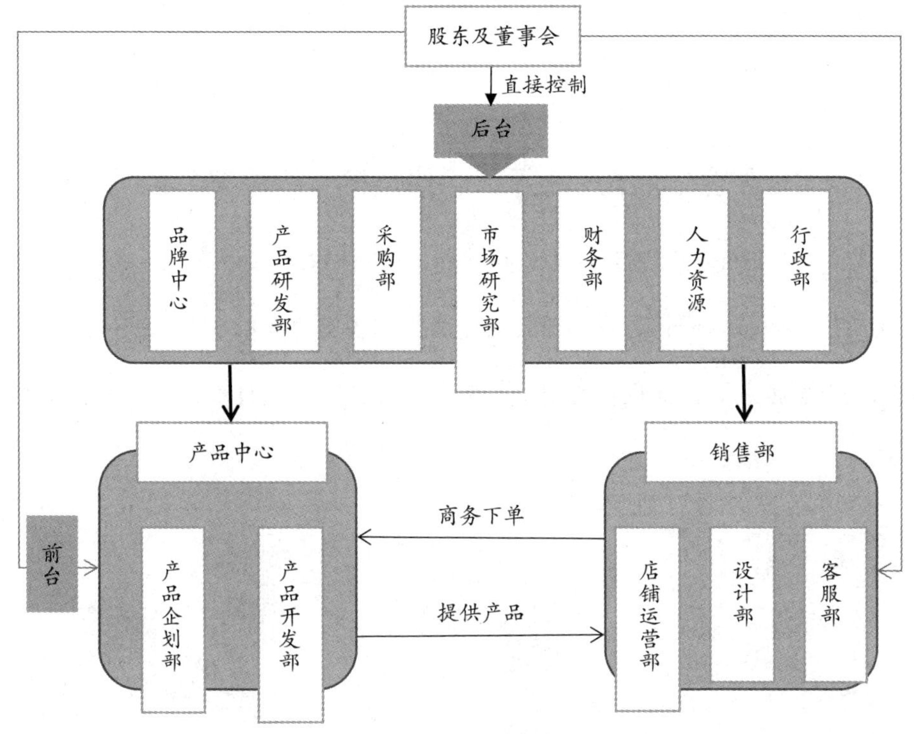

图 4-7　图斯拉的组织结构

图拉斯砍掉繁杂的中间环节，打通前台、后台，并直接受制于股东及董事会，这样做的好处是下面的部门可以直接执行董事会制定的战略。前台是“打仗”的部门，后台是“输送粮草弹药”的部门，两者共同构成从生产到销售的完美闭环，缔造出“强前台、大后台”的组织架构。

图拉斯的后台包含品牌中心、产品研发、采购及市场研究等部门，足以保证对前台的供应能力。前台主要有两个事业部，分别为产品中心和销售部。产品中心是产品端，下设产品企划部和产品开发部，主要为销售部提供产品；销售部是销售端，包括店铺运营部、设计部和客服部，负责销售产品和需求反馈。

平台架构的转型真正应该思考的是从赚钱到值钱。企业价值的大小就是看它的后台，企业有价值是因为前、后台有价值。不过，建立前、后台是一个漫长的过程，不能一蹴而就。

4.2.3 整合式增长：上下游合纵连横，构建整合组织生态

整合式增长形态因为难度大、要求高，运用相对较少，多用于企业特定的发展阶段。整合式增长逻辑是通过对企业外部各类资源的整合，如收购股权、并购上下游企业等，实现自身价值的提升。整合的方式有很多，具体如图 4-8 所示。

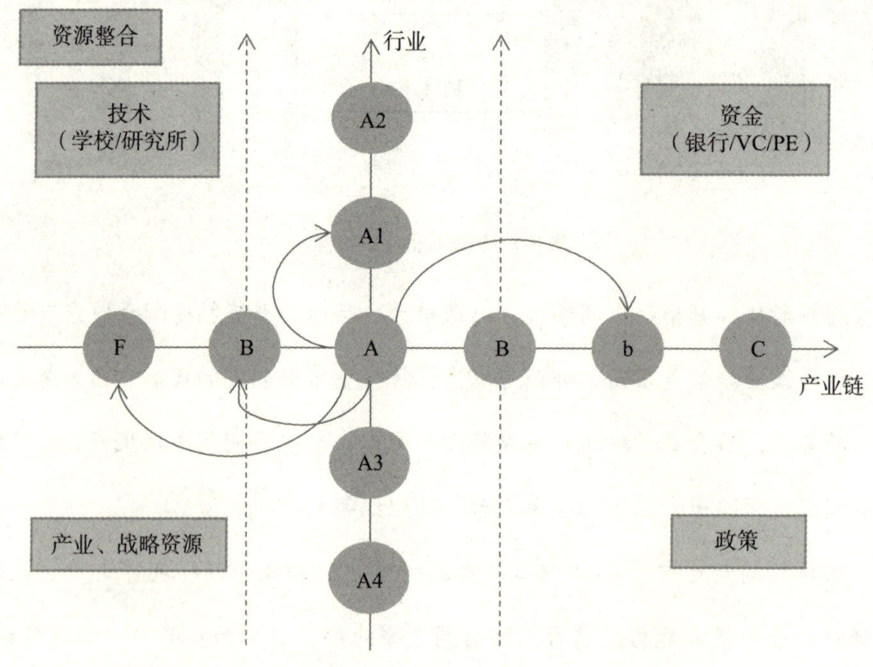

图 4-8 整合式增长的整合方式

由图 4-8 可知，整合方式主要有三种：以 A 公司为中心，并购 B 或 F 公司称为后向一体化策略，并购 b 公司称为前向一体化策略，并购 A1 公司称为

横向一体化策略。无论哪种方式，目的都是一样的，即对各项资源进行整合，同时最大限度地争取资金、技术、产业和政策等资源的支持。

整合式增长整合策略与资金、技术、产业和政策等资源的关系。

（1）资金

资金是一种特殊的资源，做企业离不开资金，无论建品牌还是拓展市场都需要大量资金。融资是获取资金的主要方式，企业可以直接融资，也可以间接融资。好的企业应该既有直接融资，也有间接融资。

（2）技术

技术是企业的核心资源。技术类资源不仅包括科学技术，还包括生产技术、管理技术、销售技术等。拥有这些技术，企业可以实现在某领域的垄断，保持竞争力。然而，真正拥有技术资源的中小企业并不多。这是因为技术的成本高，企业不但要投入大量研发费用，还需要技术型人才。例如，制造企业的核心技术之一生产技术要想有所提升，最有效的途径是企业与各大高校、研究所、实验室进行深度合作。而如何与这些单位实现共赢，则是很多中小企业难以做到的。

（3）产业

产业资源是指产业运作所拥有的各种资源，包括有形资源和无形资源。那么，产业资源如何影响企业呢？接下来了解产业与企业的关系。

从经济学角度看，产业一般是具有某种同类属性经济活动的集合或系统，如农业、工业、交通运输业等。

行业需要产业资源的支撑，而企业通常从属于行业。换句话说，充裕的产业资源可以为企业提供良好的发展环境。这也是高科技公司都会依附于某个科创中心或建在高新技术园区的原因，科创中心或高新技术园区拥有足够的产业资源优势，可为企业发展提供资源保证。

例如，位于亦庄新区的北京科创中心依托开发区成熟的产业集群，形成了以电子信息、装备制造、生命医药为主导的产业综合体。园区以技术研发为核心，打造集研发、科研、实验、办公于一体的全方位企业办公空间，其优势包括技术优势、交通优势、地理位置优势等，为电商产业集群提供优质的发展环境。

（4）政策

企业增长的情况还会受到政策的影响。企业想要进军某个市场、某个领域，需要提前分析该领域的政策，有时还要做好对未来政策的预判，因为政策的走势会影响企业的战略方向。在政策的引导下，企业可以更直接、准确地了解国家和政府的导向，了解市场，从而生产出更符合市场需求的产品。

不过，政策不会直接影响企业。因为政策的制定和出台是一个复杂、长期的过程，而且几乎都是针对行业的，很少直接针对某个企业。例如，2018 年的“531 新政”在短期内对光伏市场产生了一定的震荡。特别是在商用市场，部分企业受损很大，甚至面临倒闭。但该政策针对的是整个光伏产业，准备工作做得充分的企业受影响并不大。一个政策出台后通常是先影响行业，才会影响到某个企业。在政策出台后，企业有很大的空间去转型、调整和应对。

4.3　组织激励的 3 种方式

组织创新能力的强弱取决于组织有没有良好的激励机制，组织在不同的发展阶段需要不同的激励机制。从期限上划分，激励机制可以分为短期激励、中期激励和长期激励。三者之间呈阶梯式发展，不同机制的激励方式也不一样，具体如图 4-9 所示。

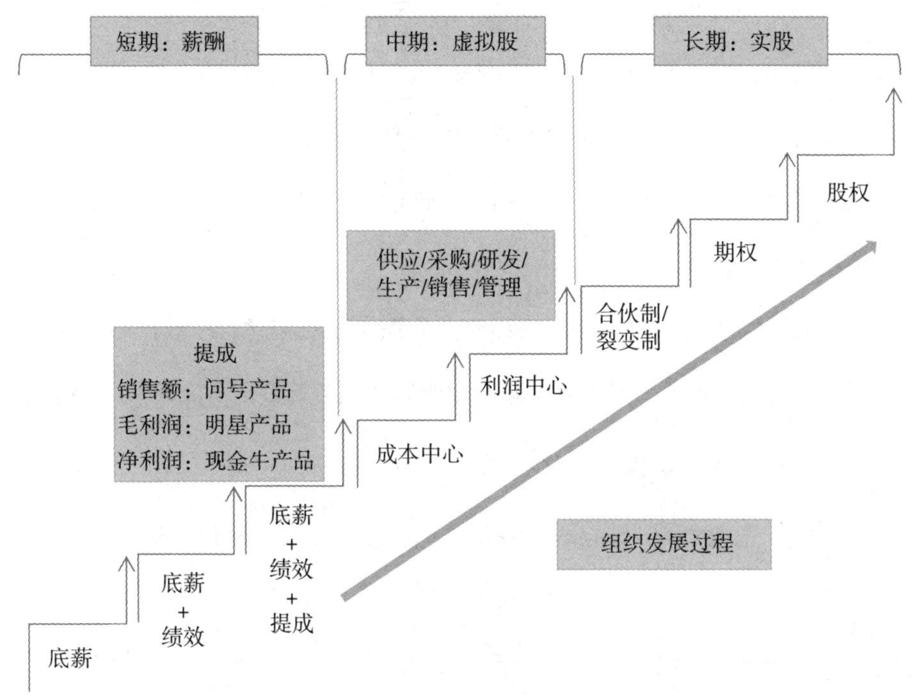

图 4-9　激励阶梯示意图

4.3.1　短期激励：激发基层员工的积极性

短期激励是针对一年内取得的业绩进行的一种激励行为，激励方式通常以薪酬为主，如底薪、底薪 + 绩效、底薪 + 绩效 + 提成。其中，只有底薪的这种形式比较少见，多适用于非业务岗位；凡涉及业务的岗位，都需要配合绩效、提成。

（1）底薪 + 绩效

底薪 + 绩效是用得比较多的一种方式。企业采用这种方式时需要特别注意一点，即避免无效激励。之所以会出现无效激励，是因为大部分中小企业的绩效考核流于形式，花大量时间做的绩效，却由于考核的片面性和不专业性，在实战中完全发挥不了作用。

片面、不专业的考核无非把绩效与薪酬强行绑在一起，无法产生 1+1>2 的效果。例如，在有些企业中，业绩好的员工与业绩差的员工的差异就是每月多拿几百元。这看似公平，实则没有太大意义。这几百元收入就是按照工时支付的额外报酬，并不是科学考核的结果。这样的评估是不合理的，根本无法很好地衡量员工的价值。

完整的绩效考核一般要有六大环节，分别是绩效理念、绩效机制、绩效计划、绩效辅导、绩效考核及绩效反馈。企业做绩效考核要把六大环节全部做完。

（2）底薪 + 绩效 + 提成

不少中小企业经常采用底薪 + 绩效 + 提成的方式，这种方式更客观、公平，能真正反映被考核者对企业的贡献。

底薪、绩效、提成并不是一回事，它们甚至不是同一个部门做的事。底薪取决于市场供需，绩效取决于评价体系，提成取决于激励体系。企业需要注意的是在设置提成部分时容易出现问题。例如，很多中小企业将重点放在了“发多少”上，而没有研究“如何发”，从而导致钱发出去了，但激励效果很差。

用提成进行激励，绝不能只有一套机制，最好“一企多制”，并根据产品类型采用不同的提成方式。例如，问号产品按销售额提成，明星产品按毛利润提成，现金牛产品按净利润提成。

①问号产品

前文讲到，问号产品很大一部分是企业战略级产品，短期内不追求高利润、高毛利，只是给主产品做掩护，快速占领市场。因此，企业对这类产品在激励方式上要按照销售额提成，以最大限度地激励员工；将精力放在迅速起量上，而不过于计较该产品有没有利润、会不会赚钱。

②明星产品

当问号产品做起来后，市场进一步稳定，这时企业就应该重点做明星产品。产品类型变了，提成方式也要随之改变，从按销售额提成改为按毛利润提成。

这样的转变是符合逻辑的。问号产品采用按照销售额提成的方式，目的是快速占领市场。而明星产品按毛利润提成，意在让客户、股东、员工实现多方共赢。因为任何一个产品、业务要实现持续发展，必须让各方共赢。

按照毛利润提成对明星产品有好处，同时也会造成一些负面问题。例如，人力成本会越来越高。这主要是因为一些部门为追求高额利润，往往搞“人海战术”，这样毛利润是提高了，但人力成本也会增加。人力成本增加，人效就会相应地降低。人效一旦下降，整个企业将面临亏损。

③现金牛产品

现金牛产品要按照净利润提成。因为产品进入这个阶段，目标就是追求高额净利润。

激励机制不能一成不变。对于中小企业而言，一项激励机制通常可以用 3 年。3 年内不会出现太大的问题，但 5 年、10 年后如果还继续沿用，就会不适应企业的发展。现在很多中小企业长期使用单一的激励机制，导致员工失去工作干劲，要么跳槽，要么躺平。要想真正有良好的激励效果，企业还要建立中、长期激励机制。尤其是对于管理层，没有中、长期激励机制就无法发挥他们的长期价值。

4.3.2　中期激励：激发管理层的长期价值

短期激励主要针对基层员工，因为基层员工更看重当下的收入。中期激励针对的是管理层，管理层主要做战略执行，比基层员工站得更高、看得更远。

中期激励最常用的方式是发放虚拟股。所谓虚拟股，是指企业给予被激励者的一种虚拟股票。被激励者据此可以获得一定数量的分红权和增值权，但没有所有权、表决权，也无法转让和出售。

虚拟股权激励一般有两种做法，一种是以成本为中心，另一种是以利润为中心。一般而言，采购、生产应该以成本为中心，目的是做出高性价比的产品；研发、销售、管理应该以利润为中心，目的是创造高额的利润。

喜茶有一个很重要的激励机制就是以利润为中心，称为利润分享制。在此机制下，店长不仅享受本店的利润分红权，还可以享受其下属门店的利润分红权。该机制大大激励了店长培养下属的动力，为高效、良性的人员裂变模式奠定了基础。

喜茶的利润分享激励机制如图 4-10 所示。

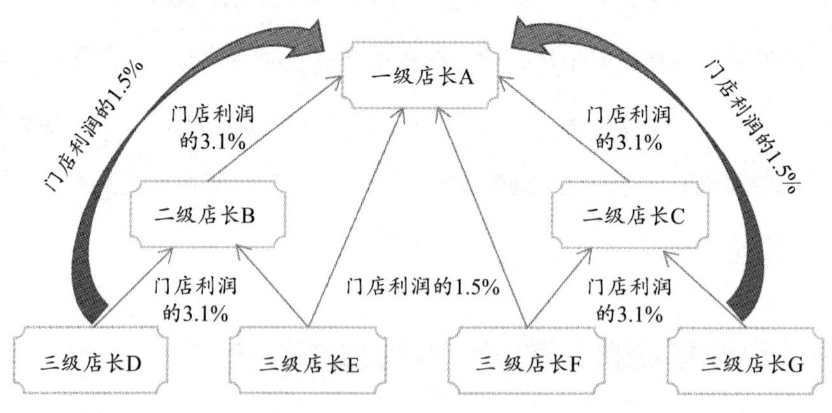

图 4-10　喜茶的利润分享激励机制

喜茶 2021 年的年度报告显示，截至 2020 年 12 月 31 日，喜茶在全球 60 多个城市共开了 695 家门店，其中 2020 年最多，新开 304 家；按每家店平均 15 名员工计算，员工总数多达 10425 人。这么多人才从哪里来？尤其是在快速发展的 2020 年。靠的就是人才复制，喜茶的经营模式是直营，而直营的优势就是人才复制效率高、速度快。

再加上以利润为中心的激励机制，店长更愿意将时间和精力放在人才的培养上。培养的人才越多，店长拿到的激励薪资也越多。例如，A 店长培养了两个二级店长 B、C，二级店长又各自培养了两个三级店长 D、E、F、G。那么，A 店长就可以从 6 个下级店长身上拿到不同比例的提成。

喜茶的这种激励机制既让店长这个中层管理者充分发挥了自己的作用，对企业更忠诚，又规避了行业中长期存在的“教会徒弟，饿死师傅”的窘境。

下面再看一个以利润为中心的激励机制——赛马制。该机制常用于销售、电商及贸易型公司，主要是以内部竞争的形式选拔前三名优秀团队，进行不同额度的奖金激励。赛马制的内容主要包括赛马规则、赛马结果、奖励机制及奖金来源，具体如图 4-11 所示。

企业在利用赛马制时，有以下几个要点须特别注意。

第一，确定赛马对象。

第二，设置赛马指标。

第三，确定赛马周期，一般为一个季度。赛马制是一个间歇性的机制，企业要选择好时机，一般在销售旺季，新品发布、爆品促销时可以进行一次，每次控制在 2 ～ 3 个月。

第四，明确资金来源。资金一般有两种来源，一种情况是公司直接出资，另一种情况是公司和若干成熟团队共同出资，对参赛的优秀团队进行奖励。

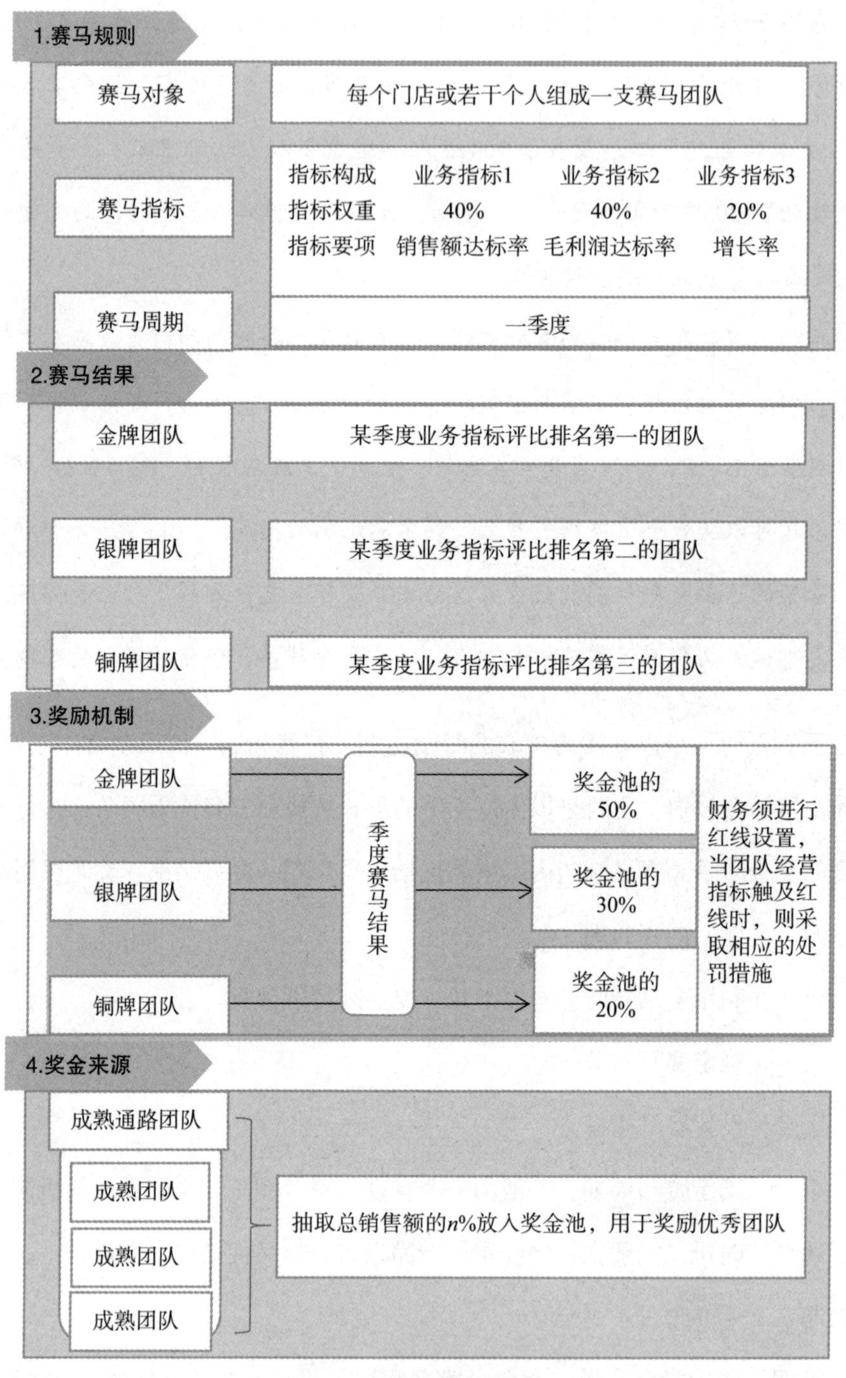

图 4-11　赛马制的主要内容

赛马制作为一个中期激励机制，效果非常好，但不可过多使用。因为它是一把双刃剑，既能让胜利者产生被激励的快乐，也能让失败者产生恐惧。

4.3.3　长期激励：留住高层和核心人才

长期激励是企业为留住高层和核心人才而采用的一种激励方式，目的是为这部分人提供好的待遇和发展环境，鼓励其与企业共同奋斗。

长期激励的方式是给予被激励者实股。实股与虚拟股的最大区别是持股者持有的股票真实存在，而且拥有的权利也多，不仅享有该股票的分红权，还能作为股东享有对公司的管理和决策权。

实股激励通常有三种，一是裂变制，二是期权激励，三是股权激励。

裂变制是拥有实股的第一步，很多企业对裂变制的运用已有先例，即在企业内部进行人员裂变，把员工变成合伙人，把合伙人变成自己人，鼓励员工进行内部创业。

采用股权激励最具代表性的企业是芬尼克兹。这是一家专注于热泵产品研发、生产及为消费者提供综合节能解决方案的国际性企业，其创始人宗毅大胆地将企业的有利资源下放给有能力、有欲望的骨干员工，鼓励其依靠企业的平台进行内部创业。

通过内部创业，该企业与员工实现了共同发展，先后创建了 20 多家分公司，而且成功率非常高，达到 90% 以上。

芬尼克兹内部创业各成员的持股比例如表 4-2 所示。

表 4-2　芬尼克兹内部创业各成员的持股比例

投资人	投资额	收益分配 1	收益分配 2	收益分配 3
创始人	50%	20% 优先分红（选出来的总经理及高管）	50% 按投资比例分红	30% 作为发展基金（用于公司的后续经营）
总经理	10%			
团队成员	15%			
投票成员	25%			

长期激励的另两种方式——期权激励与股权激励可以分阶段进行，也可以同步进行。

期权激励是针对企业的主要管理者，如董事长、总经理及高管推行的一种奖励制度，大致内容是企业向管理者提供一种在一定期限内按事先约定的价格购买一定数量股份的权利。例如，某高管可以优先按约定价格购买企业的股票，当股票价格高于指定的价格时，该高管有权卖出以从中获利。从收益角度看，这种激励方式的回报更高。

股权激励主要是针对非股东或有可能成为未来股东的潜在人群。与期权激励不同，股权激励的被激励对象仅有经营管理权，而没有投票决策权。也就是说，企业给予经营者一定的股份，让他们以股东的身份参与企业管理、分享利润、承担风险。

股权激励让内部人才对企业的归属感和认同感更强，同时也对外部优秀人才有相当大的吸引力，吸引其加入企业。

百果园是一家集水果采购、物流、仓储、营销于一体的综合型服务平台。截至 2021 年，百果园的门店遍布全国 90 多个城市，突破 5000 家，在全球也建有 200 多个特约供货基地。

百果园有一套非常适合自身的加盟运营机制，其第一批加盟店只有 20 家，当时的加盟门槛极低，商家只需与平台签 3 年合约。另外，平台支持零加盟费，商家还能享受每年 1 万元的资助费用。面对这样的优惠条件，商家没有理由拒绝。因此，百果园一夜之间有了 20 家门店。

有了一定的基础之后，第二批加盟店的条件便有所提高，依然是签约 3 年，免加盟费，免费装修，但没有每年 1 万元的资助费用。这时门店增加到 100 家。

当拥有 100 家门店后，百果园开始转变运营思路，即赚供应链的钱。因为已经有了 100 家门店，100 家门店的订单就是优势。百果园可以拿这些订单与供应商讨价还价，先低价采购，然后以高于采购价的价格提供给加盟商，差价就是一笔收入。

后来，百果园又逐步向全能型供应链服务赋能平台转变，将权力全部下放到大区负责人、片区负责人及加盟店长，平台的重心则收缩至品牌运营、门店管理、人员培训等工作上。

百果园的人才激励机制如图 4-12 所示。

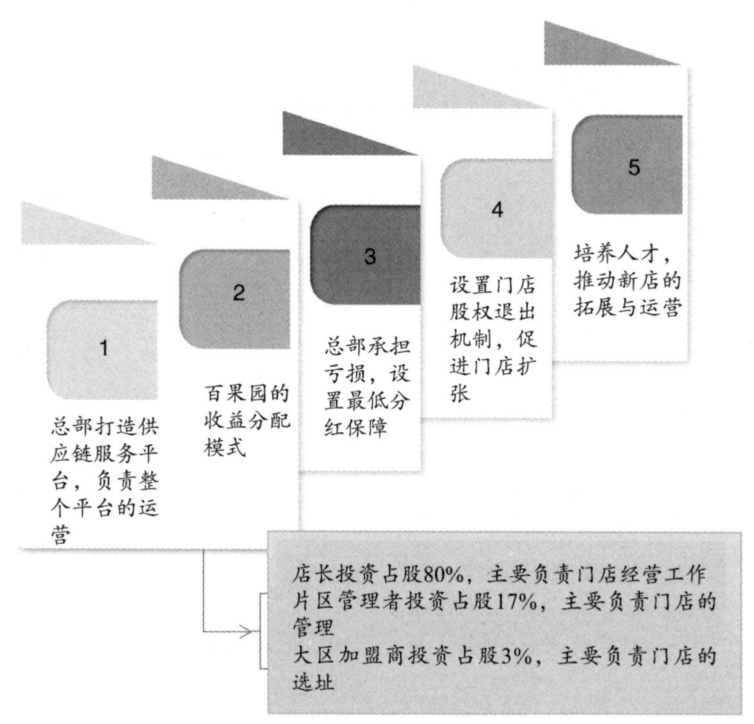

图 4-12　百果园的人才激励机制

为了激励人才，百果园采用很多激励方式，如设置门店股权退出机制、设置最低分红保障、设置 6 个月的保护期等。这些措施不但为培养人才、留住人才奠定了基础，还充分激活了人才，使不同层次的人在岗位上充分发挥自己的能动性和才智。

第 5 章

挖掘人才

人才是企业发展的重要资源之一。尤其是中小企业，只有拥有人才，才能在市场竞争中站稳脚跟，实现持续增长。因此，无论内部培养，还是外部招聘，企业经营者都必须建立科学、完善的人才机制，以更好地选人、用人、留人。

5.1 岗位模型：清晰定义组织的岗位职责

岗位模型是为强化企业竞争力、创造更高绩效，从组织战略角度出发而制定的一种人力资源管理模式。它是企业人才体系建设的基础，具体内容包括以下 4 个方面，如图 5-1 所示。

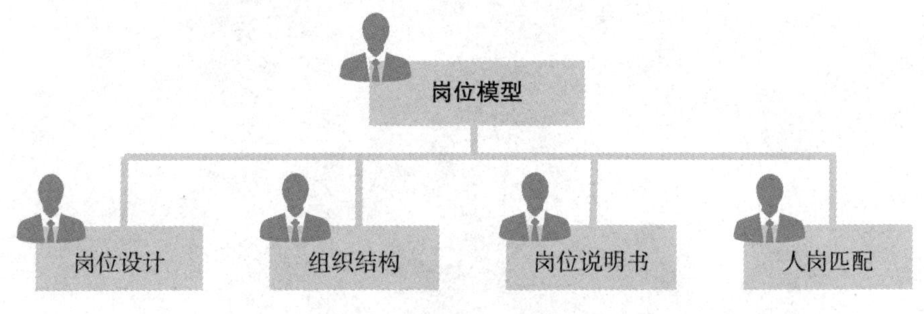

图 5-1 岗位模型的具体内容

5.1.1 岗位设计

确定岗位模型之前，首先要进行岗位设计。所谓岗位设计，是指企业根据团队需求、个人需求，对每个岗位的任务、责任、权利及与其他岗位的关系加以明确的过程。其具体工作应该从以下 3 个方面做起，如图 5-2 所示。

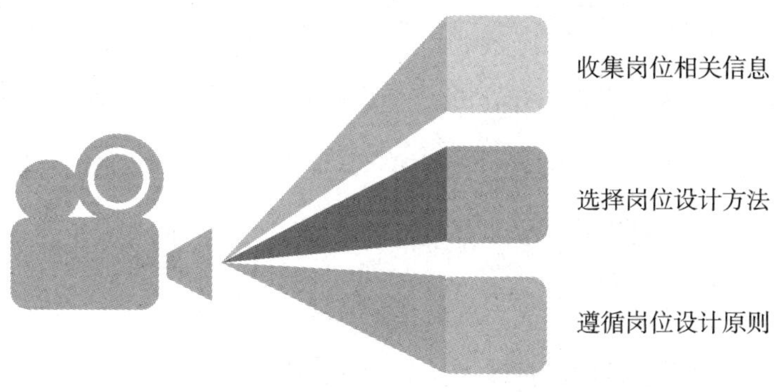

图 5-2　岗位设计的具体工作

（1）收集岗位相关信息

岗位设计的第一步是完成相关信息的收集，如企业愿景、企业文化倡导的价值观、人才发展战略、目标岗位工作职责、业务指标及过往已有的能力模型、对标的同行、同类岗位模型等。

（2）选择岗位设计方法

岗位设计的第二步是按照科学的方法进行设计。岗位设计常用的方法有两种，一种是标杆比照法，另一种是流程分析法。

①标杆比照法

标杆比照法是指以同行做得比较好的岗位为参考，通过对比、分析设计符合自身情况的岗位的一种方法。例如，现在很多互联网企业都以华为、阿里巴巴、腾讯为标杆。

那么，中小企业应该如何向对标企业学习呢？关键是学它们的底层逻辑，找到规律和基准点，在明确差距的基础上确定最优方案。例如，自己的企业所处的阶段相当于对方 5 年前的时候，那就不要学人家如今的样子，而是瞄准人家 5 年前同一时期的实际情况，并以此为基准点找出差距，制定改进方案。

②流程分析法

岗位设计是基于业务而存在的，而业务又是有序列的，即第一步怎么做、第二步怎么做、第三步怎么做……例如，某制造企业的业务是这样的：接到客户下单的响应后，相关部门按照订单要求采购原材料，再进入生产环节，最后出库、发货、售后等。这个过程环环相扣，每个环节都不可少。流程分析法就是基于业务流程而进行的，具体做法如图 5-3 所示。

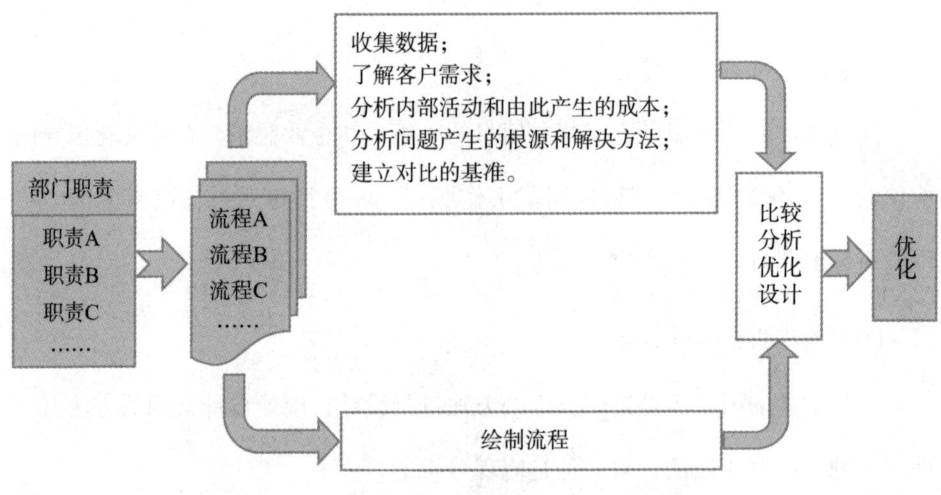

图 5-3　岗位设计流程分析法的具体步骤

值得注意的是企业在分析流程时要先把预设流程画出来，然后根据实际情况进行优化。

（3）遵循岗位设计原则

①因事设岗原则

岗位是任务的集合，岗位设计需要基于具体的工作任务进行。企业在新增岗位时要考虑是否增加了新的工作任务，这些新增任务是不是必须完成的。

企业设计岗位要坚持因事而设的原则，既要看到当前的实际情况，又要兼顾未来可能的变化，平衡好当下和未来。然而，很多中小企业会陷入因人设岗的怪圈，这与因事设岗原则恰恰相反。

因人设岗是先确定合适的人，然后根据其情况确定未来的工作岗位，而不是先规划好岗位，再寻找合适的人。这样的原则造成人岗严重不匹配、工作质量低下、工作效率下降。

②最少岗位原则

岗位设计应当坚持最少岗位原则，考虑到组织功能有效运转所必需的最低岗位和职务。如果超过必需级别的高配，就会造成资源浪费；而低于必需级别的配置将可能影响岗位业绩目标的达成。

最少岗位原则即通常所说的“岗位称重”，是指基于岗位所履行的工作任务进行综合评估。例如，某制造企业的技术和设备在业内具有领先优势，可以生产同行难以做出的优质产品，则销售部门只需要设置最基本的销售员就足够了；反之，如果产品无特殊的卖点和影响力，需要更强的销售团队推广，则销售部门需要设置最低必需岗位，如销售主管、销售经理及销售片区必不可少。

③权责一致原则

权责一致原则是指企业经营者拥有的权利与其承担的责任应当相适应，具体包括以下 3 层含义。

第一，拥有的权利与承担的责任应该对等。所谓对等，就是保持一致，既不能拥有权利而不履行职责，也不能只承担责任而不予以授权。

第二，适时向下属授权，为职责的履行提供必要条件。合理授权是贯彻权责对等原则的重要体现，企业必须根据管理者所承担责任的大小授予其相应的权利。

第三，严格监督，检查对权利的运用。下属运用权利及履行职责的情况必须在严格监督、检查之下，这就需要管理者对任职期间的下属进行严格监督。假如发现有失职、渎职、滥用权利等行为，管理者应该及时终止他们的权利。

5.1.2 组织结构

组织结构与战略是相辅相成、不可分割的关系。战略选择决定组织结构，企业发展所采用的战略不同，相应的组织结构也不同。组织结构与战略相匹配，就能促进战略的落地；反之，则会阻碍、限制战略的落地。

组织结构是组织内部各单位间关系、界限、职权和责任的框架，是组织内部分工协作的基本形式。它在整个组织发展中发挥着重要作用，是部门设置、职能规划及业务运转的基本依据。

组织结构是基于岗位而存在的。不同的岗位构建了不同类型的组织结构。常见的组织结构有以下 4 种，如图 5-4 所示。

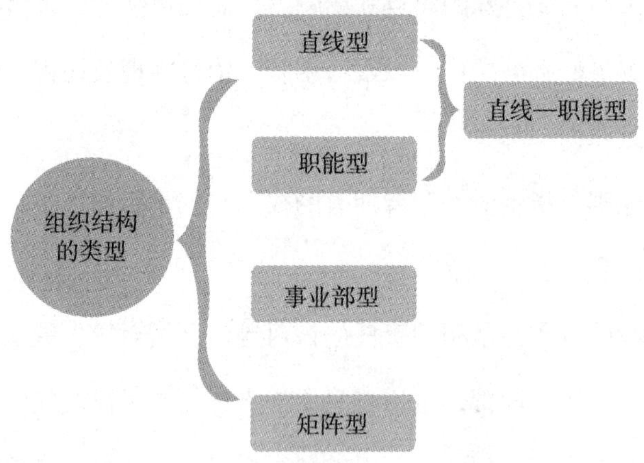

图 5-4 组织结构的 4 种类型

（1）直线型

直线型是最早、最简单的一种组织结构。这种结构的特点是实行自上而下的垂直领导，组织中一切工作均由高层直接管理，对所属部门负责；不设任何具有辅助性质的分支，下属部门只接受一个上级的领导。

直线型组织结构如图 5-5 所示。

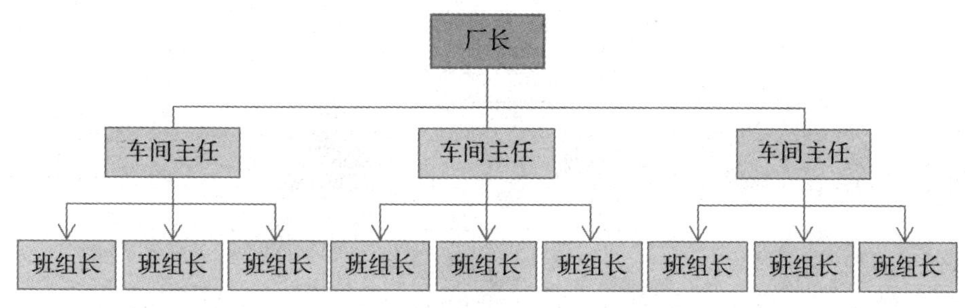

图 5-5　直线型组织结构示意图

直线型组织结构的优势是层次简单、责任分明，特别适合业务结构简单的企业或规模较小的企业；劣势是对负责人的要求较高，要求通晓多种知识，拥有综合能力，并有足够的时间和精力亲自处理业务。也正因如此，工作效率往往得不到保证。

（2）职能型

职能型组织结构是按照企业所处的行业和运作价值链，将企业分为若干个职能部门。这种结构的优势是更能适应现代企业业务多元化、管理精细化的要求。例如，某企业的产品十分畅销，遍及国内外多个市场，因此市场部人员的压力非常大。为了更好地开展工作，企业决定设立一个专职职能机构。有了该机构的辅助，市场部可以将非核心业务职责、权利下放，各职能机构再向具体的执行单位和个人授予。

不过，这种结构的劣势也很明显，即由于下级部门除了接受直接上级的领导，还必须接受其他非直接上级的领导。这就容易形成多头领导的局面，分散了领导权，尤其是领导权产生冲突和矛盾时还会影响执行人员的执行。鉴于此，不建议组织结构不太完善或控制力较弱的企业采用这种结构。

为了弥补该结构的缺陷，企业可以建立一种介于直线型和职能型之间的结构，即直线—职能型，也叫生产区域制、直线参谋制，如图 5-6 所示。

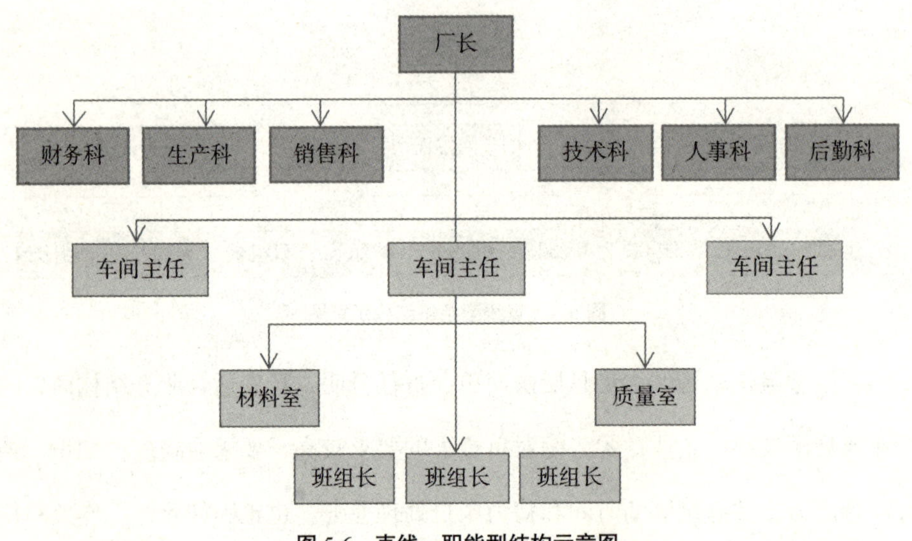

图 5-6　直线—职能型结构示意图

直线—职能型结构建立在职权分离的基础上，既保证了管理权的集中统一，又可在各级行政负责人的多头领导下充分发挥各专业职能机构的作用。这种结构将企业管理机构分为两类：一类是直线领导机构，负责对各级部门行使指挥权；另一类是职能机构，结合分工和专业所长，从事各自范围内的管理工作。这两类机构虽然同是管理部门，但工作侧重点不同。直线领导机构在自己的职责范围内有一定的决定权和对下属的指挥权，并对所属工作负全部责任。而职能机构相当于直线领导机构的“参谋”，只对下属进行业务指导，不发号施令。

（3）事业部型

直线—职能型组织结构由于事事需要请示报告，因此容易造成领导工作的积压、办事效率低下。事业部型组织结构相对独立，可以弥补直线—职能型组织结构的劣势，起到沟通各方的作用，协助高层领导的决策。

事业部型组织结构是高度（层）集权下分权管理的产物，具有分级管理、分级核算、自负盈亏的特点。企业按地区或品类分成若干个事业部，贯穿产品的原料采购、成本核算、生产制造、推广销售等各个环节，每个事业部相当于公司中的小公司，单独核算，独立经营。总部只保留人事决策、预算控制和监督大权，具体工作由各个事业部独立完成。这种结构类型适用于规模大、品种多、技术复杂的大型企业。

事业部型组织结构最早在通用汽车公司实施，是第七任总裁斯隆发明的。通用汽车公司下辖多个品牌，如别克、凯迪拉克、科鲁兹、雪佛兰等，涵盖高、中、低端品牌。为了让这些品牌能够更好地适应不同的市场，斯隆将各个品牌分成独立的事业部。别克有别克事业部，凯迪拉克有凯迪拉克事业部，雪佛兰有雪佛兰事业部。

事业部作为一个相对独立的组织，优势是内部沟通更加便捷，外部能充分以市场、用户为导向；劣势是各部门之间容易各自为政，相互协作困难，为客户提供的产品或服务很难做到统一，每个事业部的岗位设置可能重复，从而造成人员冗余和资源浪费。

针对事业部的劣势，又延伸出一种类似于事业部型的组织结构，即模拟分权型。这种组织结构既保留了事业部组织结构独立经营、单独核算的特点，又不形成真正意义上的事业部，只是一个个生产单位。尽管这些生产单位自负盈亏，有自己的职能机构，也享有极大的自主权，但由于各环节之间存在必然的连续性，又很难完全隔绝开来，所以无法形成独立的事业部。

（4）矩阵型

矩阵型组织结构即在直线型组织结构的基础上再增加一种横向的领导关系，将按职能划分的部门和按产品（或项目、服务等）划分的部门结合起来组成一个矩阵，使同一员工既同原职能部门保持组织与业务的联系，又参加产品或项目小组的工作，如图 5-7 所示。

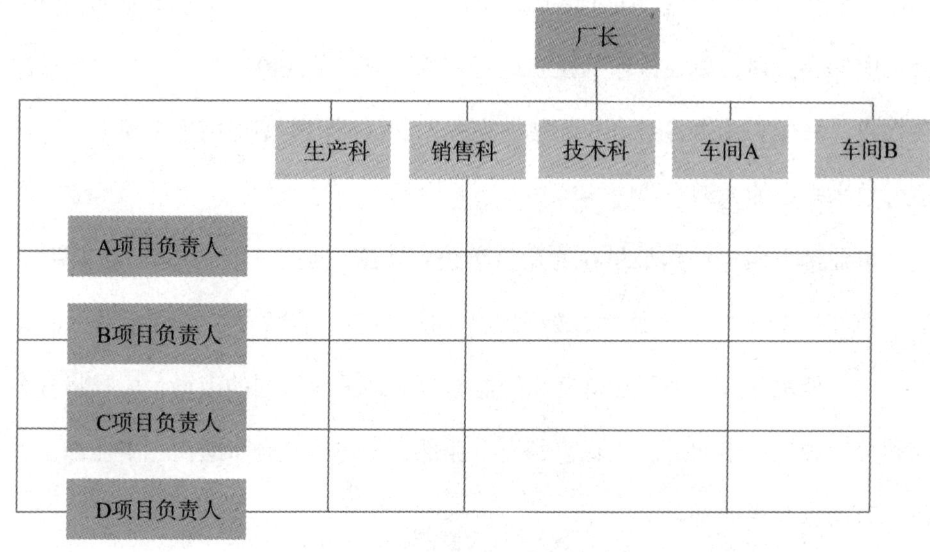

图 5-7 矩阵型组织结构示意图

该组织结构既有按职能划分的垂直领导特性，又有按产品（项目、服务等）划分的横向领导关系特性，通常适用企业中一些涉及面广、复杂、重大的工程项目或改革任务。其最大优势是大大节省了人力资源成本，在人员使用上高度机动、灵活，可随项目的开发与结束进行组织或解散；而且在项目实施过程中不会造成人员积压或重复使用，需要谁，谁才来，任务完成即离开。

例如，某公司针对产品研发项目成立了跨部门的专门机构，组成产品（项目）研发小组，包括研究、设计、试验、制造等多个环节。参与此项目的有关部门不会同时选派人员参与，而是根据项目进展到哪个环节，响应部门才派相应的人参加。

矩阵型组织结构的缺点是双头领导带来的管理难度。参与项目的人来自不同部门，他们只为“会战”而来，在一定程度上增加了项目负责人的管理困难。所以，企业运用这种结构类型有一个前提，就是对临时负责人的要求特别高，尤其是管理能力和组织协调能力，要能把来自不同部门的人“捏合”在一起，形成强大的凝聚力。

5.1.3　岗位说明书

确定岗位后，接下来就是撰写岗位说明书。岗位说明书是对岗位职责的全面梳理和汇总，重在解决 4 个问题：员工应该做什么、具体怎么做、在什么情况下做及期望取得什么成果。

岗位说明书有一个基本格式，其中 6 项内容是相对固定的，具体如图 5-8 所示。

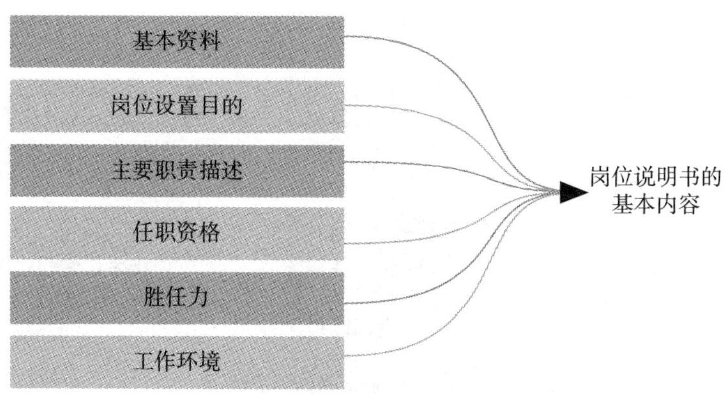

图 5-8　岗位说明书的基本内容

（1）基本资料

基本资料描述的是岗位的基础信息。以某公司人力资源部的薪酬福利专员岗位为例，其基本资料如表 5-1 所示。

表 5-1　岗位说明书基本资料填写示例

岗位名称	薪酬福利专员	所属部门	人力资源部
岗位编制	1	直接上级	人力资源部经理
直属下级及人数	无	临时替代岗位	人事管理专员

（2）岗位设置目的

岗位设置目的是说明该岗位存在的意义及对整个企业的贡献。为了使目的更明确，企业在设置岗位前需要考虑以下 4 个问题。

①为什么设置这样的岗位？

②该岗位与其他岗位有什么不同？

③如果没有这个岗位，哪些工作无法开展？

④该岗位有无长期存在的必要，对企业发展的贡献是什么？

岗位设置目的必须明确体现在岗位说明书中，并以最简单、最凝练的语言表达出来，让该岗位上的员工一眼就看明白。其表述方式如图 5-9 所示。

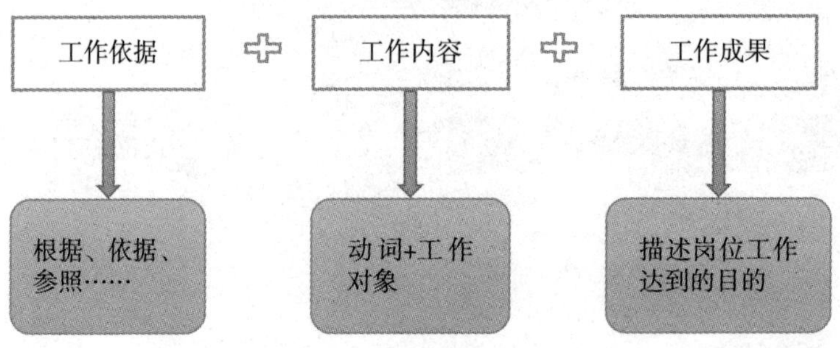

图 5-9　岗位设置目的的表述

仍以某公司的薪酬福利专员岗位为例，其岗位设置目的为“根据公司总部的薪酬福利管理规定，制定薪酬福利专员岗位，以确保公司的薪酬福利政策、制度、方案在各部门得以实施”。

（3）工作职责描述

工作职责描述即描述该岗位最主要的职责。如果岗位的职责较多，就要按照重要程度逐项列出，同时在描述方式上也可以参照特定的模板：动词 + 宾语 + 目的，范例如表 5-2 所示。

表 5-2　职责描述句式示例

动词	宾语	目的
收集	财务数据	审核各部门提出的预算费用要求
执行	财务预算分析	支持公司下一年度财务规划
统计	客货销售信息	向公司管理层汇报销售情况

这里需要重点区分工作职责和工作任务。很多中小企业经营者将两者混淆，两者既有相同之处，也有很大的区别。相同之处是都需要围绕岗位职责开展，所有职责下面都有对应的任务。区别是性质和视角的不同，具体说明如下。

①性质不同

工作职责具有高度稳定性，描述的是该岗位所要完成某项工作及应当承担的责任。例如，"成本控制"就是一项工作职责的描述。

工作任务描述的是完成该项职责所用的工作方式。例如，为了达到成本控制的目的，企业既可以通过"加强采购管理控制，降低运营成本"来实现，也可以通过"优化业务流程，提高运营效果"来实现。

②视角不同

工作职责着眼于输出，工作任务着眼于输入。例如，某岗位要求任职者十分精通西班牙语，可以描述如下。

- 工作职责（输出）：

① 能用西班牙语点餐；

② 能与出租车司机进行简单的对话；

③ 能看懂一本中等难度的书籍。

- 工作任务（输入）：

① 记住西班牙字母表；

② 做 1000 道填空题。

（4）任职资格

任职资格是任职者从事某一岗位必须具备的知识、技能和能力之和，可以概括为两大标准、五项内容，具体如表 5-3 所示。

表 5-3　任职资格的内容

两大标准	五项内容	描述（以薪酬福利专员为例）
专业标准	学历与专业	大学本科学历，工商管理、人力资源相关专业
	相关工作经验	在同等规模企业中，从事相同岗位 2 年以上
	职称与专业资格	人力资源师或相关类别的高级职称
能力标准	专业知识	熟悉《中华人民共和国劳动法》及相关法律法规
		了解会计基础知识、工资计算及发放方法
		理解人力资源管理及其他相关知识
		掌握薪酬福利设计原理、知识和方法
	专业技能	较强的数理推理能力、逻辑分析能力、办公软件操作能力、计算机基础操作能力、网络应用能力、沟通协调能力等

企业在设计任职资格时不能简单地只写标准，还要对标准分等级。例如，同样是销售人员，可以分初、中、高级，每个级别对应不同的任职资格标准。有特殊要求的岗位要因岗位性质、具体业务而有所差异，可以有相同的要求，但对于不同的部分一定要明确提出来。

（5）胜任力

任何岗位上都有干得十分糟糕的人和干得特别出色的人，为什么会有如此大的差异呢？主要原因就是胜任力的大小。胜任力包括“看得见”和“看不见”的两部分，具体内容如图 5-10 所示。

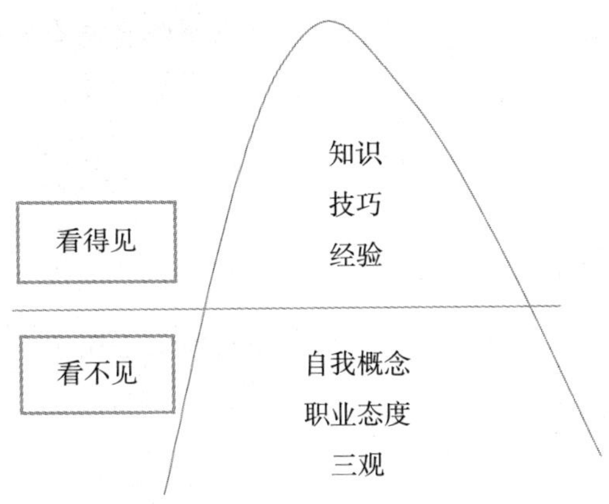

图 5-10　任职资格与胜任力包含的内容

“看得见”的部分与“看不见”的部分并不冲突，两者强调的是不同层面上的同一事物，不同之处在于侧重点、获取方式、适用范围、考核方法、绩效评估和薪酬激励等。

“看得见”的部分与“看不见”的部分的不同，具体如表 5-4 所示。

表 5-4　“看得见”的部分与“看不见”的部分的不同

	“看得见”的部分	“看不见”的部分
侧重点	强调岗位胜任能力	强调岗位胜任潜力
获取方式	可以通过后天学习获得	几乎无法改变
适用范围	全体人员	中高层管理人员
考核方法	现场评审、答疑等	素质词典、题库等
绩效评估	集中职位的功能和贡献	集中在成果、潜能和行为
薪酬激励	根据职位支付薪酬，聚焦于责任、知识、年龄和资历等	根据工作支付薪酬，聚焦于产出（组织所需要胜任力决定薪酬）

很多中小企业在招聘员工时只关注“看得见”的部分，忽略了“看不见”的部分，而很多时候“看不见”的部分往往起着决定性作用。

（6）工作环境

工作环境是描述岗位所处的工作场所和条件。例如，税务会计的工作环境描述：在室内，有独立的办公场所，不需要接触噪音与有害物质；某野外施工工程主管的工作环境描述：西南地区野外施工单位，多在室外，高热度、高噪音。

以上 6 项是岗位说明书的主要内容，适合大多数情况。企业需要注意的是岗位说明书虽然有约定俗成的模板，但并不意味着适用于所有企业，具体还要企业根据自身的情况进行调整和优化。

5.1.4 人岗匹配

人岗匹配是人与岗位的对应关系，具体是指按照“岗得其人、人适其岗”的原则，根据不同个体的能力、素质差异安排最合适的岗位，从而做到人尽其才。只有人岗高度匹配时，人才资源才能得到有效的配置和合理的使用，每个人才能在岗位上发挥自己的优势。企业可从以下 3 个方面做起。

（1）知岗：清晰地界定岗位

人岗匹配是双重匹配，一方面是工作报酬与工作动机相匹配，另一方面是岗位与人的知识、技能、能力相匹配。做好人岗匹配的第一步是知岗，即基于工作分析、岗位分析等对岗位做出进一步的了解。

只有了解岗位，才能选择适合岗位的人，进而实现人岗匹配。如果不了解岗位，处处脱离岗位，人岗匹配就会失去根基，成为空中楼阁。

（2）知人：定义胜任能力标准

当明晰岗位特点和要求后，接下来就是知人。知人是人岗匹配中非常重要的环节，主要看任职者的能力、素质与岗位任职要求是否匹配。

知人的方法有很多，如履历分析、纸笔考试、心理测验、笔迹分析、面试交谈、情节模拟、评价中心技术等。

（3）匹配：寻求有效的评价方法

知岗、知人确定以后，第三步就是匹配，即究竟使用哪些办法才能公平、有效地选对人。

这里讲一个很多企业都在使用的人岗匹配法——竞聘上岗，即通过岗位描述、胜任力模型等评价任职者是否与岗位匹配，并在此基础上根据岗位胜任力要求使用无领导小组讨论、文件筐测验、标准化面试及心理测评等，具体考量竞聘者与岗位能力的匹配度。

例如，测评任职者的人际关系协调能力，用无领导小组讨论的方法模拟工作环境，让五六位准任职者在规定时间内针对既定问题展开讨论，并形成统一意见。测评小组观察每位竞聘者的表现，对照胜任力模型中该能力的行为，从而给出准任职者能力评分；最后参考心理测评结果、以往业绩表现等，综合测定其能力与岗位胜任力的匹配度。

5.2　招才选将：掌握识人辨人法则，做到精准识人

人才是企业战略执行的主体，要想做好企业就要从“招对的人”做起。雷军说创业第一年 80% 的时间都是用来招人，乔布斯也说 1/4 的时间都是用来招人，可见人才是何等重要。

5.2.1　完善招聘渠道

招聘渠道是企业组织、计划和实施人才招聘活动采用的途径，完善的招聘渠道是获得人才的保证。然而，多数中小企业的招聘渠道都非常单一，不科学，不精准。

随着互联网、移动互联网技术及智能设备的发展和普及，企业招聘人才的渠道已经不再局限于传统的线下，还出现了很多线上招聘新形式，如社交招聘、直播招聘、短视频招聘等。

招聘渠道的类型及特点如图 5-11 所示。

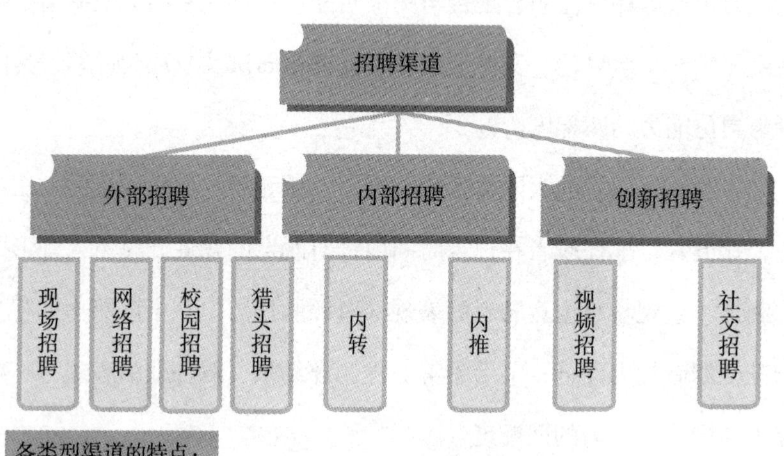

图 5-11　招聘渠道的类型及特点

（1）现场招聘

现场招聘是企业通过第三方提供的场地，与求职者进行面对面的一种类型。现场招聘有多种形式，包括招聘会、人才市场、行业峰会等。

①招聘会：一般由政府或人才专业机构发起、组织，通常具有特定的主题。例如，“应届毕业生专场招聘”“研究生人才专场招聘”“金融 /IT 人才专场招聘”等。企业通过区分应聘者的毕业时间、学历、知识结构等，有针对性地进行招聘。

②人才市场：这种招聘形式与招聘会相似，不同的是没有特定的主题，形式比较分散，举办时间也不固定，多适用于有长期招聘需求、对人才专业性要求不高的企业。

③行业峰会：这是特定行业的企业高层聚集在一起，针对行业内重大战略、政策及出现的问题进行对话与交流的一种会议。行业峰会不是专门的招聘会，但由于精准度特别高，参会人员都是行业精英人才，也成为企业非常重视的一种人才获取方式。

现场招聘的优势是可以大大节省企业筛选人才的时间，有很高的针对性及有效性；局限是地域性强，只能吸引特定地区及周边的求职者，其招聘范围远远低于网络招聘。

（2）网络招聘

网络招聘是指企业通过线上发布招聘信息，并完成简历筛选、笔试、面试全过程的一种招聘类型。网络招聘通常有两种方式：一种是将招聘信息发布到企业官网上；另一种是与第三方招聘网站合作，如中华英才网、前程无忧、智联招聘等，在网站上发布招聘信息，利用网站已有的系统进行招聘。

网络招聘没有时空限制，覆盖面大，受众广，可以在较短时间内获取大量的求职者信息，但随之而来的是充斥着大量虚假、无用信息。因此，网络招聘对简历筛选的要求比较高。

（3）校园招聘

校园招聘是许多企业采用的一种招聘类型，既可以线上进行，也可以线下进行。不过，线下效果更好，通常是企业到各大高校进行宣讲，吸引即将毕业的学生前来应聘。对一些特殊的岗位，企业还可以通过委托培养后直接录用。

通过校园招聘的学生人才，优势是可塑性较强、干劲充足；但也有不少缺点，如缺乏工作经验、对自己的定位不清楚、稳定性较差等。这都需要企业对这些学生花大力气进行培训和引导，使其更好地适应工作。

（4）猎头招聘

对于以上招聘渠道，大部分企业都在用，唯独对猎头招聘用得较少，这与猎头招聘的成本过高有关系。虽然这种招聘渠道的成本高，但必不可少。尤其是核心岗位、关键人才的招聘，通过其他渠道几乎很难招到，企业必须采用猎头招聘。

猎头招聘的流程是企业将招聘需求提交给猎头机构，由猎头机构根据自己掌握的资源和信息寻找匹配的人才推荐给企业。

企业与猎头机构合作的要领如图 5-12 所示。

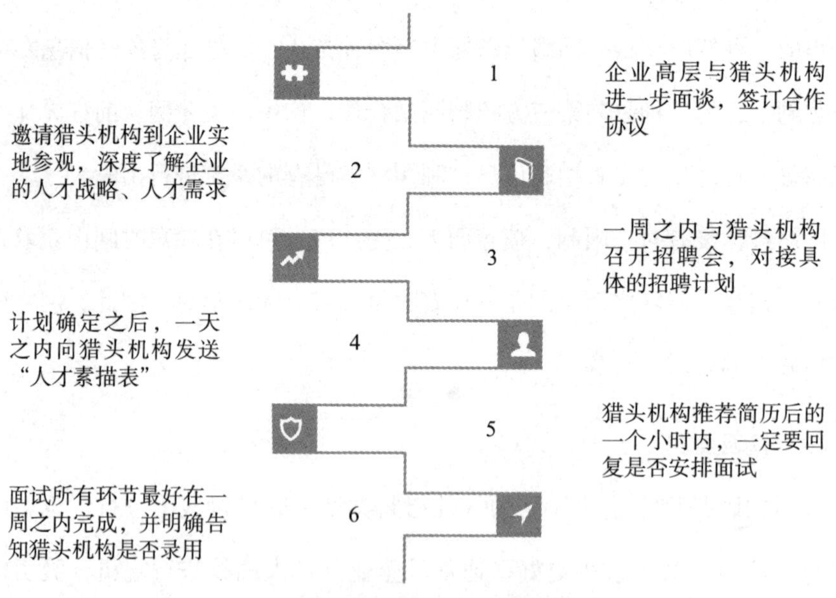

图 5-12　企业与猎头机构合作的要领

为了提高与猎头机构合作的成功率，企业要至少与 10 家猎头机构展开合作，在 10 家内确定哪些是战略性合作，筛选出一两家进行关键岗位人才的集中招聘。

（5）内转

内转是企业内部招聘的一种类型，是指在企业员工中进行人才选拔，一般通过竞争上岗。这种形式的优势是有助于企业内部人才的流动，提升员工的满意度，留住人才；被选拔人员对企业、职位有足够的了解，针对性、可靠性都非常高，可以很快进入新角色，融入新工作。

当然，这种方式也有一定的缺点，即企业过多使用内部人才，缺乏新鲜“血液”的注入，工作中可能存在创新不足、思维固化的局限。

（6）内推

内推是企业内部招聘的另一种类型，而且越来越被企业重视，已成为企业获得高质量人才的重要途径。具体而言，内推是指企业绕过猎头机构、招聘网站等中间媒介，通过员工推荐，与求职者零距离对接。这样可以最大限度地使人才高效、自由流动，让招聘更对等。

很多大企业都在积极鼓励员工推荐求职者。例如，腾讯的内推招聘已经有十几年的历史，每年有一半以上的新员工来自内部推荐。

内推的最大优势是候选人与职位需求高度匹配。经内部推荐的人在进入企业之前通过介绍人已经对企业及职位有深入的了解，这就使需求更加匹配。同时，对于企业而言，内推的性价比非常高，大大节省了招聘的时间成本、经济成本和其他资源。例如，内推免去了对求职者进行多方考察的环节，大多数内推没有简历筛选和笔试等环节。

但是，内推也有劣势，大部分企业搞内推往往成了“自己人的狂欢”，表面上做得有声有色、热火朝天，结果却无法真正筛选到优秀的人才。这就需要企业建立完善、有效的内推机制，建立强有力的内推文化，并将这些机制和文化传递给每个部门、每位员工，鼓励全员参与，实现全员互动，使他们意识到内推的意义和价值，推荐德才兼备的人。

例如，某工厂为招聘一线员工，将一部分招聘权力下放至一线班组长身上。班组长可以根据岗位需求发动员工进行内推，对推荐来的人也有权决定是否留用、如何用、如何培训等。这样让班组长承担更多责任，充分发挥其“一线小猎头”的作用。

（7）视频招聘

视频招聘是一种新兴的招聘类型，是指企业通过远程视频与求职者进行沟通的一种招聘形式。这种形式的优势在于突破了时空限制，提升了招聘效率，降低了招聘成本，让企业和求职者天各一方也可以轻松完成整个招聘过程。

视频招聘的优势是展现的信息量更丰富，求职者可以更全面地表现自己的综合能力。因为视频不仅是一个沟通渠道，还是才艺展示的窗口，某些在线下无法展现的才能通过视频完全可以展现。

对于企业而言，视频招聘大大提升了招聘效率，同时也建立了招聘的差异性，可以充分展现企业文化，建立美誉，塑造企业顺应时代发展、符合时代要求的形象，间接宣传了企业。

（8）社交招聘

社交招聘是在社交平台中进行招聘的一种形式。这种形式以社交为切入点，既能满足企业招聘和大众求职的需求，还能满足双方多样化的交流需求。

以往企业发起招聘活动，求职者投放简历，企业觉得合适后才通知面试。

在此之前，双方没有任何互动，了解甚少。而在社交招聘中，企业可以先在社交平台把自己的社交圈运营起来，添加圈内有潜力的求职者为好友，通过多种形式的互动充分了解他们的性格、爱好及价值观，同时将招聘需求融入日常互动中，不但不会令人反感，还能收到令人意外的效果。

5.2.2　运用面试技巧

面试是用人单位进一步对初步筛选到的人进行考核的环节。企业如何通过面试对招聘到的人进行精准考核呢？这就需要掌握高超的面试技巧。

（1）明确面试的内容

要想做好面试工作，首先要知道面试的内容。面试的内容通常包括两部分：一部分是素质，即显性、易改变、易培养的内容；另一部分是潜能，即隐性、难改变、难培养的内容，如表 5-5 所示。

表 5-5　面试的具体内容

面试项目	具体内容	
素质（显性）	经验	经历过什么
	知识、技能	懂什么，会什么
潜能（隐性）	能力、潜力	能做什么，能走多远
	价值观、态度、社会角色	会怎么做
	个性、品质	是什么样的人
	内驱力、动机	想做什么

（2）仔细研读简历

在正式展开面试之前，HR 一定要仔细研读求职者的简历，最好提前 1 ~ 2 小时看。这是做好面试工作的一个重要前提。

HR 在看简历时要遵循 STAR 法则，如图 5-13 所示。

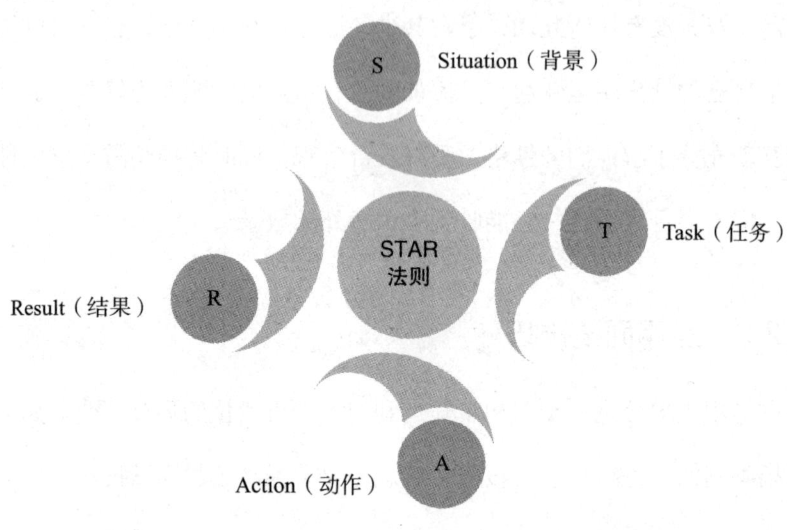

图 5-13　STAR 法则

HR 看简历时要重点看以上 4 个部分，目的是在面谈时能够针对重点进行深入的沟通与交流。

S（背景）："你是在什么背景下做这项工作的？能描述一下吗？"

T（任务）："你在这项工作中承担什么样的职责，有什么权力？"

A（动作）："你具体是如何完成这项工作的？"

R（结果）："最后取得哪些结果，这些结果对你有什么影响？"

按照这一套流程问下来，HR 就可以了解求职者的基本情况。

（3）学会提问

提问是面试中非常重要的一项沟通技巧。高质量提问能把面谈推向更高的层次，在了解求职者基本情况的基础上继续深挖，进一步关注细节。例如，对方说"我曾带领团队做出 1000 万元的业绩"，这时 HR 要区分这 1000 万元的业绩是在什么情况下完成的，难度如何？是作为核心成员亲自做，还是肤浅地参与？这些细节都要弄清楚。

HR 在具体提问时要有针对性，针对被考察的项目逐个提问。例如，考察求职者的专业能力就要提供与专业能力有关的问题，考察抗压能力就要提供与抗压能力有关的问题。

5.2.3　深入沟通与说服

自己中意，而求职者却不愿意留下时，该如何说服？这就需要企业与对方进行深入沟通和说服。大多数中小企业之所以留不住人才，关键原因在于面试流于形式，给求职者留下的印象不太好，或者没有达到对方的预期。

有些求职者一开始对企业抱有很高的期望，但经过一场低质量的面谈后改变了主意。在这种情况下，如果 HR 会沟通，善于运用沟通技巧，就足以化被动为主动。例如，多谈行业前景、公司的薪资结构等对方关心的问题，充分站在对方的立场，挖掘对方深层的心理诉求。

在具体说服技巧上，企业可以循序渐进地从以下 3 大层面入手，如图 5-14 所示。

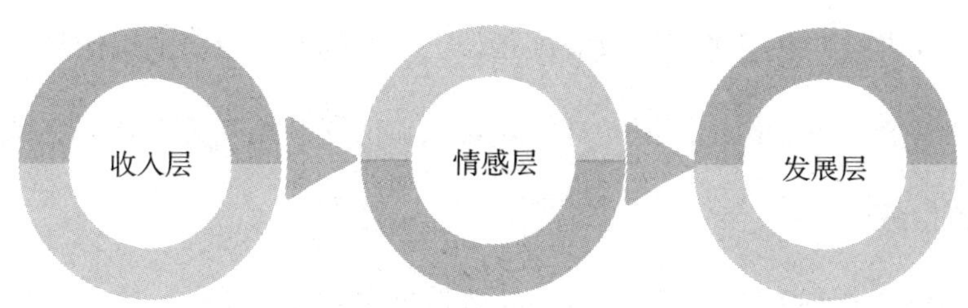

图 5-14　企业说服求职者的 3 个沟通层面

（1）收入层

一项调查显示，企业与员工之间的劳动纠纷绝大多数都是因收入引起的。即将入职的求职者最关心的就是收入，企业要想最大限度地留住人才，就要坦然面对他们提出的收入问题，并运用对方能接受的沟通方式巧妙处理双方的分歧。

首先，企业要明确告知对方薪酬的组成部分，包括明细、发放方法和考核标准等，千万不能敷衍了事，更不能故意欺瞒。

其次，如果对方提出更高的要求，企业能不压价就尽量不要压价。因为一旦压价，对方会第一时间警觉起来，从心理上自动“屏蔽”后面的谈话。在这种情况下，企业可以提出自己的条件。例如，关于相应的职级要求，最简单的回复是“你提的这个要求没问题，但我们也有自己的规定，在我们的薪酬体系中有8个档次，分别对应8级考核，你是否能做到”，或者“你在哪些方面更优秀，请简单说一下，我看适合哪个级别的薪资”。

（2）情感层

在情感层的沟通上，关键是要坦诚。情感是维系企业与员工之间关系的最主要的纽带。因此，企业一开始就要让员工在情感上对自身产生认同。换句话说，就是企业要想长久发展，必须先获得员工的心。

稻盛和夫长期在思考“经营应该靠什么”的问题，得出的结论是“人心”。人心虽然善变，不够稳定，但一旦建立共识和信任，相互关系就会变得无比牢固，值得信赖。

认同是一个人接受、理解、认识、改造事物的先决条件。准员工只有对企业的管理理念、发展方向、经营状况、企业文化、市场竞争力等各个方面在心理上产生认同，才能积极参与其中，甘愿为企业贡献自己的力量。

因此，企业在面试时不仅要看求职者的知识、技能、经验，更要看其对自身的认可度、接纳度，并主动与求职者建立维系情感的桥梁，引导其深入了解企业，对企业产生良好的印象。

（3）发展层

发展层即职业生涯规划层面。很多人在求职时除了对收入、企业的软硬件关注较多以外，还特别关注自己的职业生涯发展。职位越高的人，对职业生涯的发展越重视。

在面试阶段，企业为求职者描述的职业发展规划非常重要，具体可以按照以下 3 点进行。

第一，讲清楚职业的定位和目标，以及实现这个目标所制定的具体计划，既包括短期的，也包括中长期的。

第二，从多个维度塑造可迅速提升短期职业规划的目标，然后以同样的思路描述中长期职业规划目标，让求职者对自己的整个职业规划有清晰的认知和了解。

第三，结合求职者的需求确定详尽的实施步骤和方案，并逐项列出来，让其看到入职后即能获得的实实在在的好处。

5.3　人才盘点：通过人才盘点进行人岗匹配

人才盘点是人才管理工作的一个重要环节，有多重作用，如明确人才标准、盘清能级现状、盘清能力差距、盘活人才池等。所谓人才盘点，是指企业结合自身的人才管理现状全方位评价各级人才，以达到人才资源优化配置的过程。

5.3.1　人才盘点的内容

为全面了解、掌控自身各级人才的现状，企业需要定期或不定期地对人才进行盘点，包括人才信息盘点、人才能力盘点、人才心理状态盘点和人力资源政策盘点。

（1）人才信息盘点

人才信息盘点是人才盘点工作中最基础的内容，是指按照部门、职位分别对任职者的信息，如年龄、性别、教育程度、工作年限等进行统计，为人事信息档案的制作和管理奠定基础。

进行人才信息盘点既是对任职者基本信息白描式的记录，也是进一步探索它们与晋升、离职率等之间的关系，为企业进行科学的人力资源管理提供参考。例如，考察员工在不同年龄段的业绩和离职率的分布特征，以及受教育程度与离职率之间的关系等。

（2）人才能力盘点

人才信息盘点有助于经营者直观地认识人才的基本面，但不能完全反映人才的实力。人才的实力反映在工作能力、经验和技能上。因此，人才能力盘点也是人才盘点的主要内容。

人才能力盘点是衡量企业人才实力的一个重要指标，是盘点工作的重中之重，其具体内容包括业务能力盘点、人际关系能力盘点、成就能力盘点等，同时要与招聘、培训、晋升等人力资源工作相结合。

当然，人才能力盘点不是一次性就能够完成的，它是一个持续优化的过程，要及时更新；企业在具体操作中并不需要对任职者的所有能力进行盘点，只针对其拥有的关键能力进行盘点即可。

（3）人才心理状态盘点

有些中小企业经营者在进行人才盘点时往往只关注人才的能力层面，而忽略了心理层面。实际上，心理层面也是人才盘点的重要内容。对员工的心理进行预测、管理和疏导，不仅有利于做好人力资源规划工作，也可为制定有针对性的政策、采取相应的管理措施提供参考。

企业需要建立人才心理档案系统，全面了解各层次人才的心理特征、行为偏好等。例如，对员工进行职业人格类型测验、职业能力倾向测验等，通过观察、研究人才的心理状态制定更个性化的人才管理制度，引导员工向符合企业期望的方向发展。

（4）人力资源政策盘点

人才盘点是为人力资源管理打基础的重要一步。企业在进行任职者基本信息、能力、心理方面的盘点后，接下来就是解决政策和机制问题，即对自身现有的人力资源管理政策、机制进行梳理，判断这些政策和机制的有效性，分析其是否有助于人才的保留和开发，能否支持自身人才战略目标的实现。

5.3.2　人才盘点的步骤

人才盘点工作不能杂乱无章，更不能随心所欲，而是要严格按照预设，有步骤、有计划地进行。人才盘点工作通常有以下 5 个步骤。

（1）成立人才盘点小组

在进行人才盘点工作之前，企业需要进行充分动员，说明人才盘点工作的意义和重要性，领导各部门核心人才客观、翔实地了解盘点工作。同时，这项工作的实施需要一个单独的部门或团队进行统一领导和执行，否则很难做到言行合一。这就是成立人才盘点小组的必要性。人才盘点小组通常由总经理和各部门主管、人力资源规划专职人员组成，总经理担任组长，人力资源部经理担任副组长。

（2）制定人才盘点计划

人才盘点是对企业人力资源现状的认识与分析，是其他人力资源管理工作的基础，也是一项比较耗时的工作。所以，企业必须做好计划，保证人才盘点工作顺利进行。

（3）收集、整理资料

在正式进行人才盘点工作之前，企业必须全面收集、整理相关资料，力求全面认识自身的人力资源现状。资料信息可以通过查阅现有的档案、发放调查问卷、访谈等途径获得。

（4）统计、分析资料

人力资源部负责对收集的资料进行统计、分析，并将获取的资料整理成文档、图表或电子资料，以直观、清晰地描述企业中各层级人力资源的状况。

（5）撰写盘点分析报告

企业在收集、整理所有资料后，就要安排专职人员对资料进行总结，制作人力资源工作年度分析报告，经过人力资源部审核后报请董事会批准，最终形成切实可行的报告。

5.3.3 九宫格人才盘点法

人才盘点有一个非常重要且常用的方法——九宫格人才盘点法。这是一种按照绩效、能力两个维度对人才进行综合盘点的方法，解决了“先培养谁、再培养谁、最后淘汰谁”的问题。

（1）先培养谁

如图 5-15 所示的纵坐标代表绩效，横坐标代表能力，从中可以看出“1”

位置代表高绩效、高能力、最有能力的一类人才，他们往往是企业的核心人才、最先培养的对象。

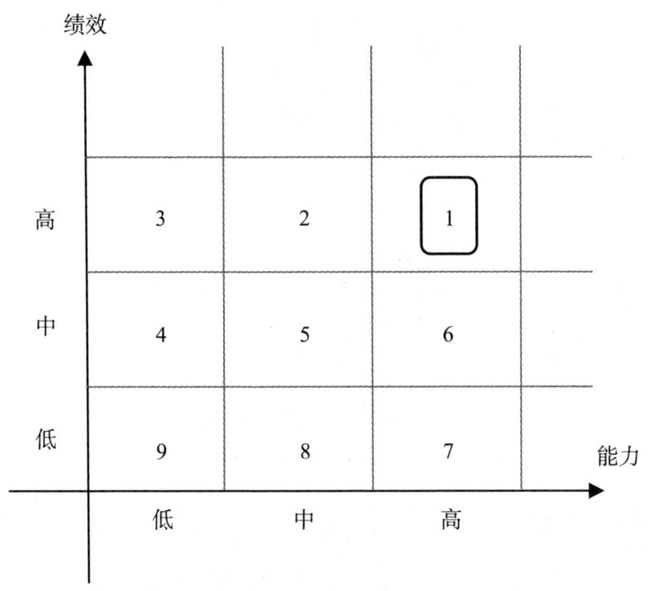

图 5-15　九宫格示意图——先培养谁

然而，很多中小企业的做法却恰恰相反，它们认为这类人才已经很优秀，就不必再花大量人力、财力去培养，并且过度使用。高质量人才是在不断学习中得以维持的。只索取，不及时充电，结果就是这类人才“油尽灯枯”，要么被淘汰，要么被后来者赶超。

因此，企业对处于“1”位置的人才一定要优先培养，如果内部已经无法满足其培养需求，就要送出去，充分利用外部资源。无论企业有多少人才，如果没有“1”位置的这类人才，终究会缺乏强大的竞争力。

（2）再培养谁

接下来就是解决“再培养谁”的问题，在九宫格中就是处于“6”和“2”位置的一类人才，如图 5-16 所示。

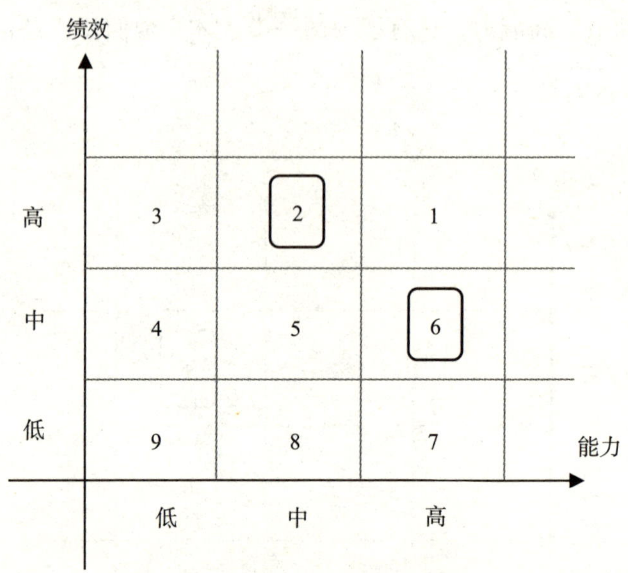

图 5-16　九宫格示意图——再培养谁

优先培养“1”位置的人才后，其次就是培养“6”和“2”位置的人才。“6”代表能力高、业绩一般，这类大多数是团队内迅速成长起来的高潜力人才。“2”代表企业骨干员工，多为创业团队成员，或创业初期的关键人员。这类人才的潜力可能有限，但资格老，管理能力、业务能力非常突出，足以独当一面。例如，阿里巴巴的那些创业元老、跟不上发展形势的老员工虽然潜力有限，但并没有被放弃，而是转型幕后或做一些参谋工作。这类就属于处在“2”位置的人才，虽然能力不及处在“6”位置的人才，但他们有经验、有资源，而且十分忠诚，这都是最大的资本。

（3）最后淘汰谁

企业有新成员加入，就意味着有另一部分人被淘汰。淘汰的对象就是那些在任职资格、胜任力方面都不合格的人。这部分人体现在九宫格中就是处在“7”“8”“9”位置的人，他们的共同之处就是业绩奇差，如图 5-17 所示。

从盈利的角度看，任何企业最先考虑的都是投资回报率，业绩差的人就是被淘汰的对象。

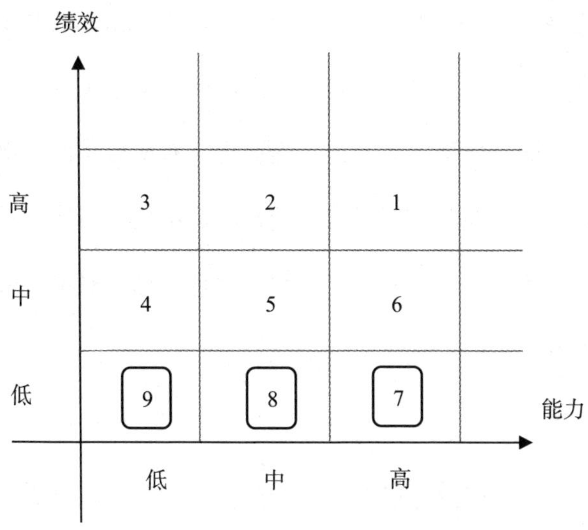

图 5-17　九宫格示意图——最后淘汰谁

5.4 人才复制：建立从做到教的学习地图，进行经验复制

每家企业都有优秀的人才，他们有丰富的知识和经验、超强的思维和能力。但这部分人总是少数。如何将少数人的知识、经验、思维和能力推向大多数普通员工，让每位员工都受益？这就需要进行人才复制，将优秀人才具有的知识、经验、思维和能力“复制”在普通员工身上。

5.4.1 定位

复制优秀人才的知识、经验、思维和能力通常需要经过 3 个步骤。第一步是定位，包括定位被辅助对象、定位场景、定位专家、定位目标 4 个方面。

（1）定位被辅助对象

人才复制应该先对被辅助对象进行定位，即萃取出来的知识、经验、思维和能力计划为谁服务，是新员工还是有一定经验的老员工？

被辅助对象不同，所萃取的知识、经验也是有所侧重的。例如，一个刚入职的销售人员与一个已经有两年经验的销售人员虽然都需要学习，但学的东西不一样。所以，人才复制的第一步是必须先确定被辅助对象，被辅助对象决定了将要萃取的内容。

（2）定位场景

场景不同，所萃取的内容也不同。企业经营者在萃取时要根据任务确定场景。一项任务按照组织结构层级大致有 3 种，分别为组织任务、团队任务、个人任务。3 种任务对应的场景具体如图 5-18 所示。

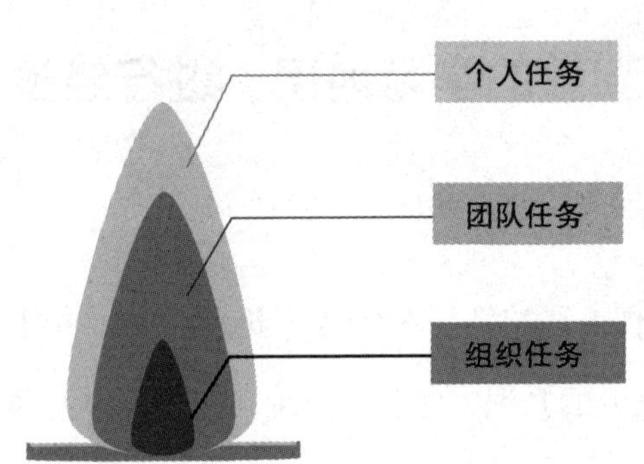

行业场景：国产高端产品店铺销售
企业场景：爱慕男士内衣销售、方太厨电销售
岗位场景：老顾客有需求/新顾客有需求

行业场景：项目交付
企业场景：工程项目、软件项目、咨询项目
岗位场景：大型企业交付、中型企业交付

行业场景：深耕三四线城市市场
企业场景：深耕高端厨电、手机市场
岗位场景：新进入市场、落后市场、胶着市场

图 5-18　3 种任务对应的场景

（3）定位专家

对被辅助对象定位场景后，接下来就是对专家进行定位，即被辅助对象在特定的场景中需要找什么样的专家授课。在具体选择专家时要注意以下 3 点：

①专家数量控制在 6 ～ 9 位；

② 2/3 的专家来自本岗位，1/3 的专家来自其他岗位；

③避免上下级同时参与。

（4）定位目标

优秀人才的知识、经验、技能很有用，但这种“有用”不是通用的，而是有局限性的，往往只针对特定的群体，为实现特定的目标。因此，在萃取之前，企业经营者需要充分了解被辅助对象的需求，在了解需求的基础上萃取相应的内容。

例如，被辅助对象是导购员，就要先了解这部分人的需求是什么，根据需求确定辅助的目标。

5.4.2　萃取

完成定位工作之后，接下来就是萃取。萃取的方法主要有深度访谈，通过与优秀人才进行深度访谈来获取被萃取的内容。深度访谈一般包括开场、过程和结尾 3 个阶段。

（1）开场

开场做得好，一方面可以与对方建立比较融洽的关系，充分激发对方配合谈话的兴致和动力；另一方面可以为即将进行的访谈活动预热，保证后续谈话能够顺利进行。

（2）过程

过程是深度访谈的主要部分。整个访谈部分可以分为 4 个阶段进行，如图 5-19 所示。

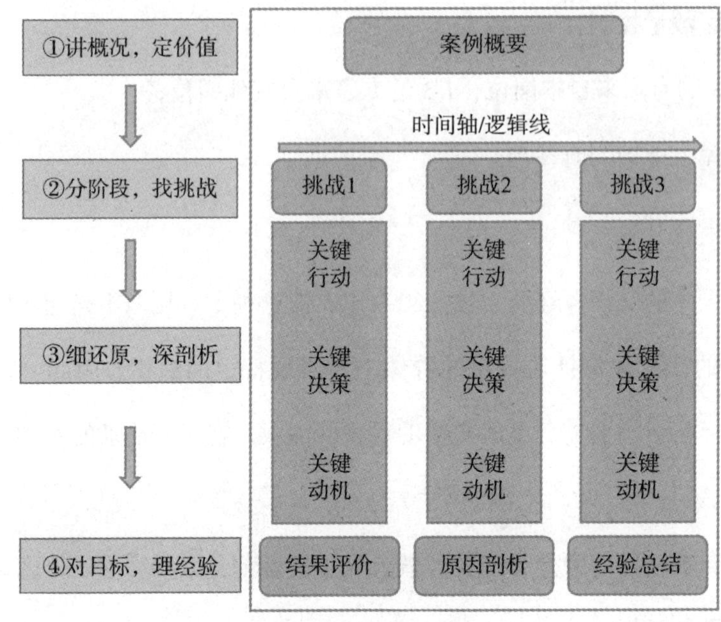

图 5-19　深度访谈法

①讲概况，定价值

简要介绍访谈活动的整体概况（包括时间、地点、人物、事件起因、经过、结果），以建立对方对访谈的整体认识，快速判断是否符合要求。需要注意，如果是指定的主题，有明确的要求，可以不按照以上要求一一介绍。

②分阶段，找挑战

按照时间或逻辑顺序将主题划分为若干个阶段，并找出完成整个活动或每个环节的主要挑战（关键行动、决策和动机）。这个阶段的难点是找挑战，只有找准挑战才能抓住访谈的重点，萃取到真正有价值的经验。

③细还原，深剖析

深度访谈要善于还原细节，例如，还原当时具体是怎么做的、为什么这么做、成效如何等，并在此基础上进行多维剖析。

还原是基础，多维剖析才有价值。剖析的方式有以下 3 种，具体如图 5-20 所示。

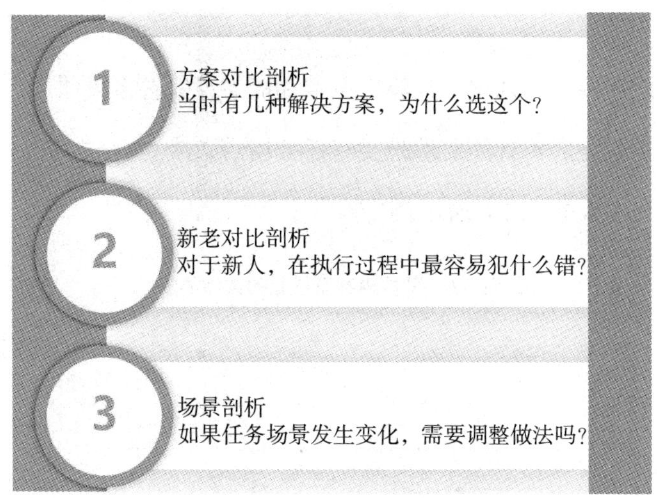

图 5-20　多维剖析的方法

通过多维剖析关键决策和关键行动，浮现出优秀人才的隐性知识。例如，如何识别判断问题、如何定义目标、如何选择行动模式等。

④对目标，理经验

这个阶段主要是以目标为导向，对优秀人才传授的经验、知识进行客观理性的梳理和评价，分析成功之处、失败之处，各自原因又是什么。

（3）结尾

结尾部分主要包括 3 个方面。一是致谢，这是结尾部分必不可少的；二是保密性说明，访谈活动需要全部保密处理，还是部分保密，要在结尾处特别说明；三是补充内容，如果本次访谈中还有没解决的问题，可以在结尾时预约下次访谈的具体情况，如时间、方式等。

5.4.3　优化

深度访谈后需要对萃取的内容进一步优化。优化需要坚持 3 项基本原则，即系统化、可视化、口诀化。

（1）系统化

系统化是指传授的知识、经验、思维和能力要完整，成体系，能够支撑被辅助对象的学习需求。具体要求是要有任务场景、成功标准、工作步骤、正反面案例，详细内容如表 5-6 所示。

表 5-6 萃取内容系统化的具体要求

<table>
<tr><td>任务场景</td><td colspan="4"></td></tr>
<tr><td>成功标准</td><td colspan="4"></td></tr>
<tr><td>挑战</td><td colspan="4"></td></tr>
<tr><td>新手常见错误</td><td colspan="4"></td></tr>
<tr><td rowspan="3">工作步骤</td><td>子步骤</td><td>工具 / 方法</td><td>理由 / 原理</td><td>动机 / 信念</td></tr>
<tr><td></td><td></td><td></td><td rowspan="3"></td></tr>
<tr><td></td><td></td><td></td></tr>
<tr><td>正反面案例</td><td></td><td></td><td></td></tr>
</table>

案例示范如表 5-7 所示。

表 5-7 萃取内容系统化具体要求的示例

<table>
<tr><td>任务场景</td><td colspan="4">接待购买药品的患者：慢性咽炎、慢性胃炎、脚气、腹泻、感冒、牙痛、口腔溃疡、过敏性鼻炎、眼睛干涩等 20 多种常见病</td></tr>
<tr><td>成功标准</td><td colspan="4">对症治疗 + 药店增加收入 + 药师获得认可</td></tr>
<tr><td>挑战</td><td colspan="4">已经明确告知购买的药品，如何获得交流机会？如何避免产生误解？</td></tr>
<tr><td>新手常见错误</td><td colspan="4">直接卖药：没有机会给客户提供专业服务
直接问病：不尊重患者，让患者产生误解</td></tr>
<tr><td rowspan="4">工作步骤</td><td>子步骤</td><td>工具 / 方法</td><td>理由 / 原理</td><td>动机 / 信念</td></tr>
<tr><td>响应要求（告知价格、陪同拿药）</td><td></td><td>展现服务意愿，尊重客户要求</td><td rowspan="3">药师不是收银员，也不是医生，而是专业服务者，要理解并关心病人、专业推荐药品、合理提示，真正发挥自身价值</td></tr>
<tr><td>真诚关心（询问是否看过医生，生病多长时间等）</td><td></td><td>从药师角度展现关心</td></tr>
<tr><td>快速分析（广告的作用及可能疗效不佳的原因）</td><td>20 多种常见病广告药品的作用及局限性</td><td>从药师角度提示客户是否需要重新考虑</td></tr>
<tr><td>正反面案例</td><td colspan="4"></td></tr>
</table>

（2）可视化

可视化是指通过点、线、图、表等可视化元素，让提炼的知识、经验、思维和能力有主次之分、详略得当、符合大众的阅读习惯。常用的图表包括流程图、循环图、层次图、关系图、棱锥图等，如图 5-21 所示。

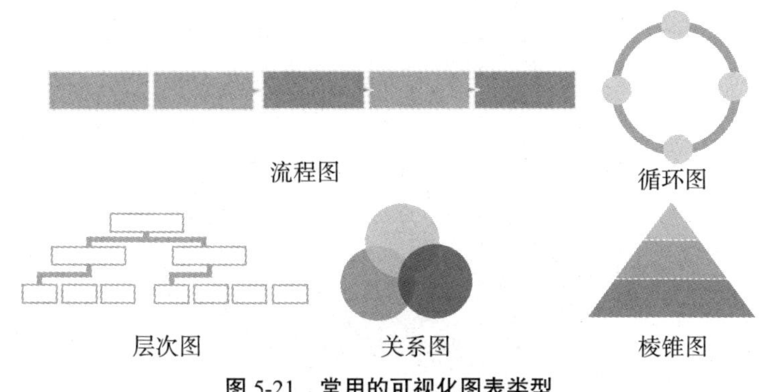

图 5-21　常用的可视化图表类型

在具体表达上，也可以将多种元素进行拆分和融合，延伸出更多的形式。

（3）口诀化

口诀化是一个表达技巧，是指通过对语言的艺术化处理，便于学习者快速记忆和高效传播。口诀化表达的形式也有很多，常用的有关键词法、顺口溜法等。

下面用关键词法对人才复制工作进行优化，可以总结为“一个中心、两个阶段、三个挖掘、个性创造、持续迭代”，具体内容如图 5-22 所示。

图 5-22　用关键词法优化人才复制工作

第 6 章

赋能领导力

赋能是现代企业经营者必须具备的一项不同于传统管理能力和影响力的总称。“赋能”与“领导力”结合后，使经营者在传统管理的基础上又有了新的管理思路和方法。

6.1 未来管理模式：从控制到赋能

互联网时代，很多东西都在变，而且变得特别快。企业管理工作也是如此。5G、大数据、人工智能等技术使传统管理正面临诸多挑战，沿用多年的控制式管理已经无法适应新形势，迫切需要向赋能式管理转变。

6.1.1 现代管理是赋能，不是控制

互联网、移动互联网的到来，让绝大多数企业不得不增加一个新场域——线上虚拟世界。通过线上获取流量，获取更多用户，增加企业在市场中的存活概率。尤其是进入互联网下半场，线上线下完全打通，传统经营者面对的最大挑战是要扮演更多的赋能角色，不仅赋能用户，还要赋能上游商家、合作商、同行。

“赋能”最早是积极心理学中的一个名词，旨在通过言行、态度、环境的改变给予他人正能量。目前，这个词在企业管理中也已经非常流行，意思就是为某人或某个主体赋予某种能力和能量。领导力是一种能够激发团队成员热情与想象力的能力，也是一种能够带领团队成员全力以赴完成目标的能力和影响力。

“赋能”与“领导力”结合后成为一个新的领导力概念——赋能领导力，在传统领导力的基础上形成了新的核心价值观、管理理念和模式。传统管理是

控制式的，核心是命令和控制。这种方式基本是沿着命令链、信息链和人际关系链进行的。3 条链对应着企业经营者扮演的 3 个角色，分别为控制者、信息提供者和人际关系协调者，如图 6-1 所示。

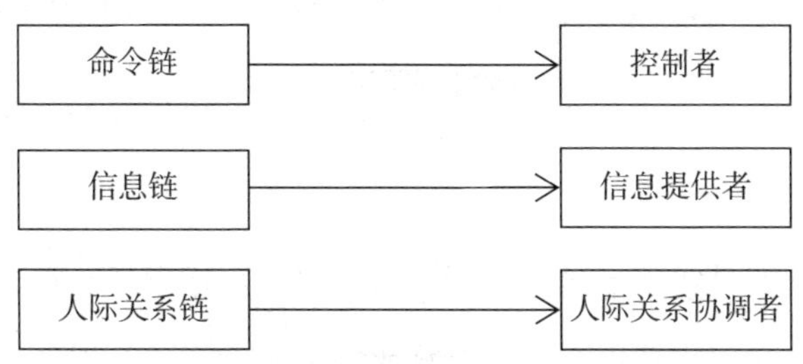

图 6-1　传统管理链条和管理者扮演的角色

以往企业经营者只要按照 3 条链扮演好 3 个角色，基本就能实现管理目标。如今完全变了，这些做法已经解决不了问题，管理需要从控制式向赋能式转变。赋能式管理主要是“授权”。

在赋能式管理上，互联网企业率先践行，几乎所有互联网企业都转型为赋能企业。京东到家发布了“零售赋能”新战略；马化腾表示希望腾讯能成为一家赋能公司，帮助其他公司发展；联想集团 CEO 杨元庆表示 AI 驱动第四次工业革命，联想要做推动者和赋能者；阿里巴巴学术委员会主席曾鸣也说过：“未来组织最重要的功能已经越来越清楚，那就是赋能，而不再是管理或激励。”

6.1.2　赋能式管理的 4 大特征

赋能式管理不再是经营者冲在最前面，做管控，做决策，而是转型幕后，为团队和下属做好后勤服务工作。也就是说，赋能式管理更注重激发下属的内在潜力，如责任感、价值观、创造性和坚韧不拔的精神。

赋能式管理的 4 个特征，如图 6-2 所示。

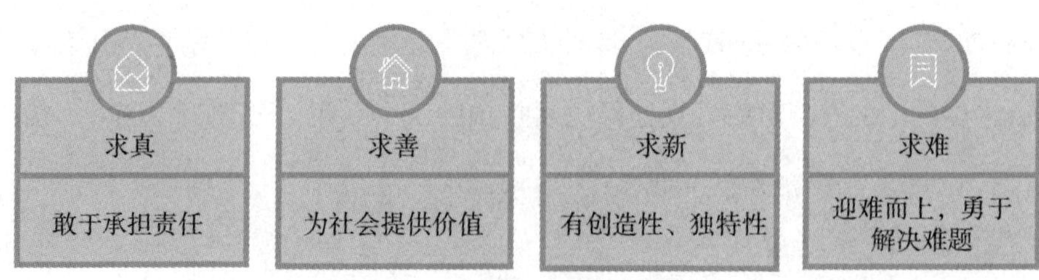

图 6-2 赋能式管理的 4 个特征

（1）求真

所谓求真，就是实事求是，敢于直面现实、承担责任。很多中小企业经营者只想着获利，却不愿承担责任，这是典型不务实、不求真的表现。权力与责任是高度匹配的，有多大权力就应该尽多少责任；反之，尽了多大责任，才能获得相应的权力。

（2）求善

求善是一个价值认同，企业经营者要树立为社会创造价值的理念。要利他，做什么事情不但要看是否有利于企业，更要看是否有利于国家和整个社会。

假如向客户提供产品，不要只想着从客户那里赚多少钱，而是要思考产品能为其带来多少价值。只有能获得大多数人的认可，才能真正有利可赚。

（3）求新

求新的核心是要有创新力。当经营者有很强的领导力时，一定是最有魅力的，而且这种魅力是富有创意、独特的。从这一点来看，领导力是一个跨学科的心智模式，与艺术、美学有交集。

（4）求难

求难是一种迎难而上的精神。人人都有趋利避害的心理。如果有两个目标，一个容易达成，另一个不容易达成，大多数人本能上会选择较容易达成的目标。企业经营者就是要反这种人性而行，越难越要上，越挫越勇。

迎难而上的特性都是后天培养出来的，没有一个人天生具有。企业经营者在日常工作中要刻意训练，面对困难不要退缩，而要勇敢面对，积极突破。

6.1.3　赋能式管理的权力模型

赋能式管理的权力包括推力和拉力，具体可以细分成 6 类，如图 6-3 所示。这些权力共同搭建了一个与管理者高度匹配的权力模型。

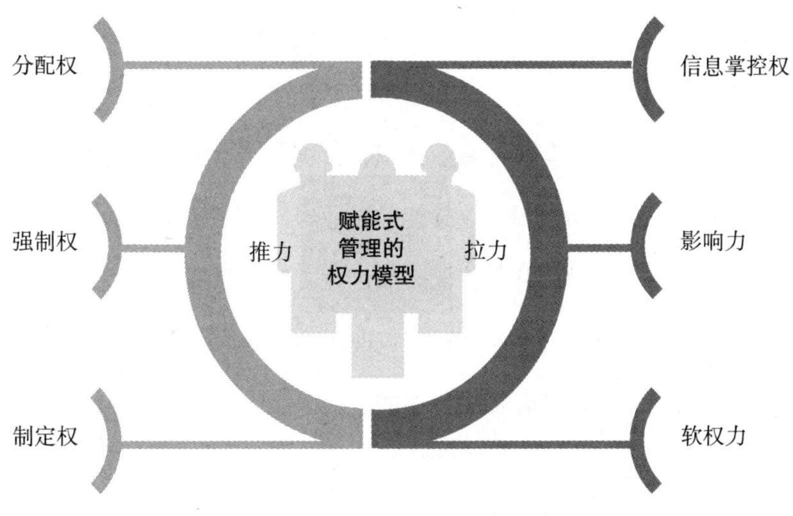

图 6-3　赋能式管理的权力模型

（1）推力

推力是岗位赋予的，因在某个岗位上而拥有的权力，具体包括 3 项。第一项是分配权，如分配薪酬、红利及其他收益的权力；第二项是强制权，要求这样做，不这样做会怎么样；第三项是制定权，这个制定是广义上的，可能是法规制度，也可能是道德公约。

（2）拉力

优秀的企业经营者拥有更大的拉力。拉力往往是经营者通过自身的学习或日积月累而形成的信息掌控权、影响力和软权力等。

①信息掌控权

企业经营者进行赋能管理，最大的权力之一就是信息掌控权。互联网让信息的价值更大，掌握一手信息的企业可以迅速形成更高的信息壁垒，形成数据垄断。

同时，数据垄断也正在以难以置信的速度在企业内发生，赋能式经营者因掌控着信息权力在企业内拥有独特的价值，并可将个人能力转化为组织能力，创造新的发展空间。

②影响力

影响力是指个人因具有某种专业知识、技能而产生的一种能力，这要求企业经营者必须具备专业知识、专业技能。企业经营者影响下属的能力既可从正式的岗位职权产生，也可从某些技能方面产生。工作任务越重要，就越需要具有专业知识与技能。越具有专业知识与技能，企业经营者发布的指示就越容易被下属理解与执行，也越具有影响他人的能力。

③软权力

软权力是权力模型中最高级的一种形态，好的企业经营者往往善于利用自己的软权力影响下属和团队。这就像每个人都有自己的偶像一样，无论政坛还是商界，为什么会拥有很多追随者？重要的就是软权力，让追随者有价值上的认同。

软权力是针对硬权力而言的。硬权力通常是指通过强制、控制、经济手段等具体的命令实现权力的目标。而软权力是通过如文化、意识形态、制度等抽象资源影响他人的行为及偏好，以达到权力的目的。

推力和拉力共同构成了赋能管理的权力模型。推力说明一个人具有领导的地位，拉力才代表经营者在管理上有了深度和厚度，证明其能真正胜任某岗位。

6.2　赋能式管理与传统管理

在未来的企业管理中，经营者最主要的职能是赋能，而不是控制和激励。这是两种完全不同的管理形态，在诸多方面有差异。

6.2.1　管理的 3 种境界

有位先哲说过，“下军之将，尽己之能；中军之将，尽人之力；上军之将，尽人之智”。这是将帅统军的 3 种境界，意思是下军之将使用的是自己的力量，中军之将使用的是别人的力量，上军之将使用的是别人的智慧。这也是很多企业经营者身边都有智囊团的原因，说明职位越高、能力越强，越善于利用他人的智慧。

（1）下军之将，尽己之能

“下军之将，尽己之能”是管理的第一种境界，对应到企业管理中通常指最低层次的管理，多用于初级管理者，刚开始带队伍，缺乏经验。

对这个层次的管理用一个词形容，就是“兵头将尾”。“兵头”是士兵中最优秀的，“将尾”是将军中最差的。例如，一个业务人员在一线做销售做得很好，当被提升为销售经理后则是一个“新兵”，管理方面的知识、技能都要从头学起。以前只需自己做好分内工作就可以了，被提升后则要带团队一起出业绩。处于这个阶段的管理者经常易犯的一个错误是惯性思维，即职位虽然升了，但工作状态仍在原点。

管理工作对“士”“将”的要求是不一样的。很多“士”刚刚过渡到“将”，工作状态没有及时转变过来。鉴于此，初级管理者往往需要一个非常好的师傅传帮带，很多管理性的东西都是这样传下来的。

（2）中军之将，尽人之力

“下军之将”经过一段时间的成长后就会成为“中军之将”。中军之将要尽人之力。所谓“尽人之力”就是团结能团结的所有人，统筹好团队中每个人的责、权、利，让他们各司其职、各尽其能，将各自的才能充分发挥出来，进而共同完成一件事情。

例如，以前一个人做业绩，现在团队一起做；以前一天只有 8 小时的工作时间，现在如果培养 5 个人，等于一天就有 40 小时的工作时间。时间长了，效率高了，创造的价值也会更多，这就是“尽人之力”。

赋能式管理很重要的一个特点就是创造的价值更大。而有些人却不这样想，认为带团队是在为企业带，带好了也是企业的资产。有这样想法的人很难晋升到更高职位。正如能量守恒定律，只有多付出一份，才会多得一份。

（3）上军之将，尽人之智

“上军之将，尽人之智”是管理的最高境界。处于这种境界的管理者已经脱离“菜鸟”行列，不再追求同等职位的线性增长，而是追求质的飞跃，力争从“将才”变成“帅才”，统领全军。

前两种境界是将兵之将，第三种境界是将将之将，两者的工作范围和逻辑不一样。前者管士兵，是将才；后者不仅管士兵，还管将军，是帅才；将才是“尽人之力”，帅才是“尽人之智”。

6.2.2　赋能式管理与传统管理的区别

企业管理活动的主体是人，无论赋能式管理还是传统管理，都是由人在执行。所以，了解赋能式管理和传统管理的区别，前提是了解它们的执行主体——经营者之间的区别。

赋能式管理中的经营者和传统管理中的经营者的区别具体体现在以下 4 个层面，如图 6-4 所示。

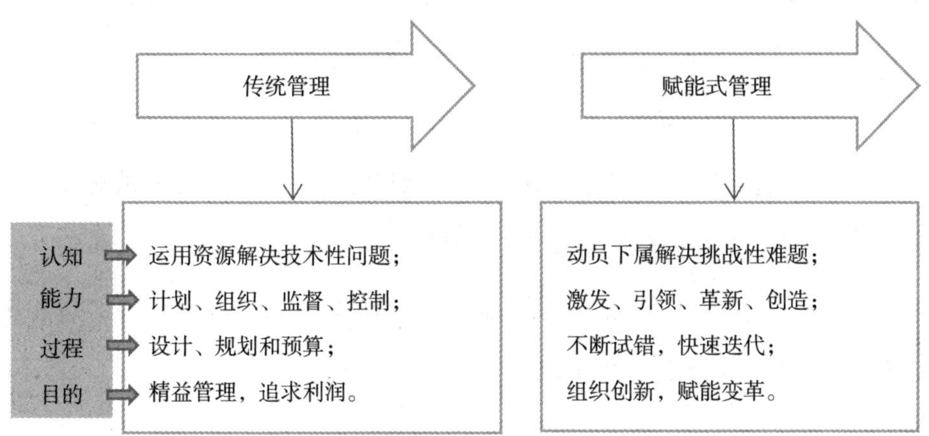

图 6-4　赋能式管理与传统管理的区别

（1）认知

赋能式管理与传统管理的区别，首先是经营者对管理活动在认知上的差异。认知是人依靠感觉、知觉、记忆、想象、思维等综合感官系统认识事物，并对从事物中获取的信息进行加工、处理的过程。

传统管理中的经营者对管理的认知是运用现有的资源解决企业存在的技术性或运营性问题；而赋能式管理中的经营者对管理的认知更高一个层次，能动员所有人，解决企业发展过程中遇到的挑战性、变革性难题。

例如，某企业上一年度的营业额为 1 亿元，新的年度目标是 2 亿元，那么如何达到这个目标呢？传统经营者与赋能式经营者的做法完全不同。前者可能只会要求下属再优化一下运营流程，再努力一下尽量达标。后者则会发动企业的所有资源，以及与企业相关的上下游资源，甚至培养一批专业人员，通过资源连接和人才，从根本上保证目标达成。

（2）能力

在能力上，赋能式管理和传统管理对经营者的要求也不一样。传统管理要求经营者具有计划、组织、协调、控制的能力，目的是维持企业正常的管理秩序，提升企业的业绩。也就是说，传统管理解决的是运营效率问题，运营效率带来的只是单纯的业绩增长。

而赋能式管理解决的是结构效率问题，结构效率可为企业带来战略性变革和指数级增长。所以，赋能式管理要求经营者必须具备激发、引领、革新、创造等能力。无论研发新产品，还是打造新商业模式、新技术，经营者必须具备变革能力，能让企业发生质的变化。

（3）过程

传统管理强调的是事前规划、事后总结，而赋能式管理更加强调全面统筹，注重管理的敏捷性和适应性，旨在让企业具有更强的适应能力和创新能力。因此，赋能式管理中的经营者要具有大局观，首要责任是维系整个企业的运营与管理。例如，在卖装饰品的企业，经营者不是去做与装饰品设计、生产、营销或相关的某一环节的具体工作，而是从战略的高度对企业的整体发展负责。

（4）目标

最终目标不同是赋能式管理中的经营者与传统管理中的经营者的根本区别。这里的目标是指企业战略目标，传统管理将目标锁定在企业的经济效益上，而赋能式管理则在关注经济效益的同时还注重团队及员工成长，培养精英团队和员工，为企业的未来发展储备力量。

企业的经营战略和效益重在当下，而打造精英团队和个人重在未来。让员工在为当前目标努力的同时得到锻炼和成长，可为企业的未来发展奠定坚实的基础，而很多中小企业则无法做到。以年度考核为例，在设置考核指标时只注重绩效类指标，不注重成长类指标，就是还没有进阶到赋能式管理阶段的表现。

6.3　赋能领导力的 8 项全能

赋能领导力是为某个人或团队赋予某种能力和能量。从这个角度看，赋能式管理中的经营者必须具有全面的能力。其中有 8 项是必须具备的，也是赋能领导力的集中体现，具体如图 6-5 所示。

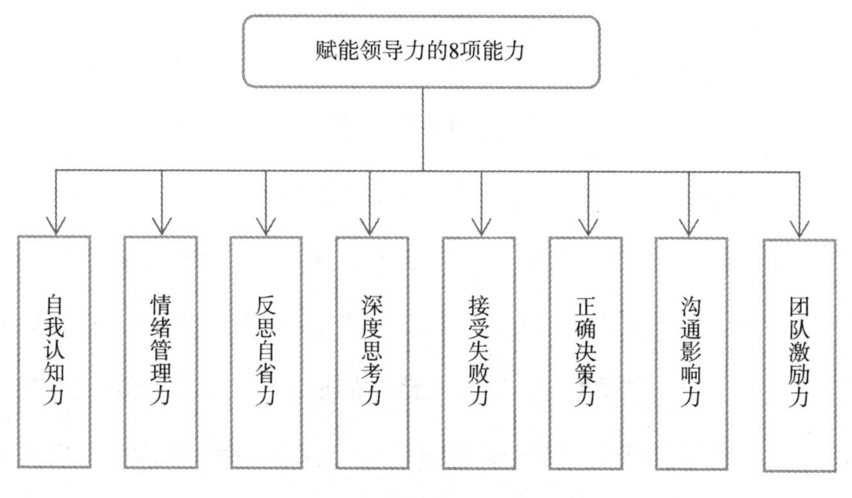

图 6-5　赋能领导力的 8 项能力

6.3.1 自我认知力

人与人的生命时长可能差不多，但活着的价值却大相径庭。是什么决定了人与人之间的价值差异呢？最主要的一个因素就是自我认知力。自我认知力是指一个人在身体、情绪及心灵上的积极自我评价，是高情商的表现之一。

企业经营者的自我认知力是指经营者认知、评价自己的能力，是否清楚地知道当下该做什么、如何做及做得怎样，目的是成就更好的自己。

那么，如何成就更好的自己呢？企业经营者需要掌握正确的方法，即柯林斯的三环模型法，如图 6-6 所示。

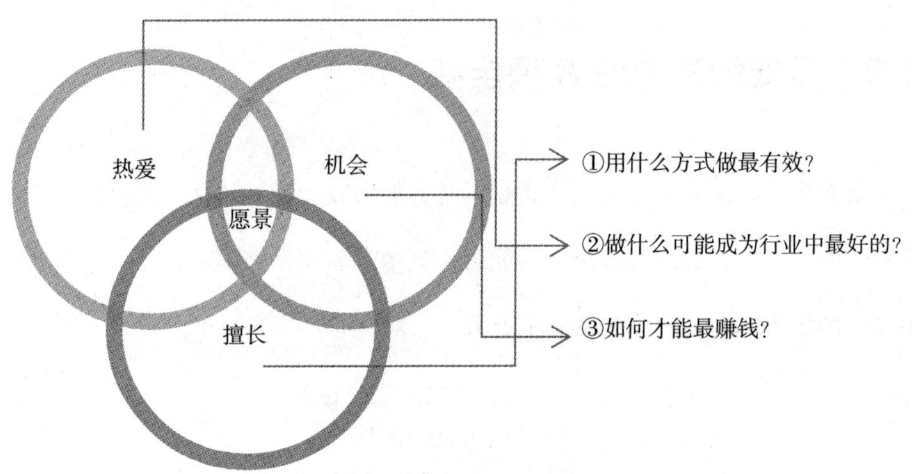

图 6-6 柯林斯的三环模型法

三环模型是美国管理学家詹姆斯·柯林斯提出的，他从热爱、擅长和机会 3 个维度引导企业经营者更清晰地认知自己。“热爱”解决的是做什么的问题，即做什么可能成为行业中最好的？“擅长”解决是如何做的问题，即用什么方式做才是最有效的？“机会”解决的是能否赚钱的问题，即如何才能最赚钱？

3 个维度最理想的状态是同时汇集在一起，交集的部分即愿景，可能是个人愿景，也可能是组织愿景，代表一个人或组织最佳的状态。

然而，很多时候 3 个维度是无法交集在一起的。当无法交集在一起时，企业经营者应该如何做呢？按照柯林斯的三环模型，三者之间有一个优先顺序，即热爱 > 擅长 > 机会。

首先选择“热爱”，原因在于“热爱”是做任何事情的基本前提。当足够热爱自己的工作时，即使能力有些欠缺，也可以做得很好。但缺少了热爱，做任何事情都会困难重重。所以，当三环模型中 3 个条件无法同时具备时，经营者要优先搞清楚哪些是自己最热爱、最感兴趣的，然后坚定不移地做。

其次是选择“擅长”。在不热爱时，做自己最擅长的事往往也可以做得符合预期。

不热爱，但由于掌握了做某件事的硬技巧，也就是很擅长做某件事情，同样可以做好。当然，有了“热爱”的加持会取得更大的成就。因此，“擅长”在三环模型中排在“热爱”之后，但其作用往往又大于“机会”。

最后一个就是“机会”。做事情的机会很重要，抓住机会事半功倍。但如果无法抓住机会，成事的难度就会大大增加。当然，并不是说失去机会就无法做好一件事情。按照三环模型理论，具备前两个条件“热爱”和“擅长”，而没有“机会”也会成功。而且，只要热爱自己的事业并善于运用技巧去做，本身也会创造很多机会。

6.3.2　情绪管理力

每个人都有情绪，但不一定有对情绪的管理力。赋能领导力要求经营者具备情绪管理力。情绪管理的重点是觉察和控制，先觉察到自己有哪些负面情绪，产生这些负面情绪的原因是什么，然后控制情绪，做情绪的主人，将负面情绪转移到正面。

例如，我们在生气、愤怒时，不要被这些负面情绪牵着鼻子走，而是要从产生该情绪的环境、条件入手，将所有与情绪相关的影响因素在大脑中梳理一遍，全面、客观地分析这些情绪是如何产生的，明确原因，找出调整的方法。

对于负面的情绪，我们要善于利用它，做它的主人。例如，我们在维权时可以借助生气、愤怒表达自己的意见，否则对方可能不会轻易答应要求。但是，目标一旦达成后，我们就要马上收回这些情绪，将其控制在可控的范围内。收放自如，才是对情绪的最好处理方式。

所以，情绪管理力很重要，控制好了是一种助力，控制不好则会成为一种阻力。对于企业经营者而言，有 8 种负面情绪需要很好地控制，具体如图 6-7 所示。

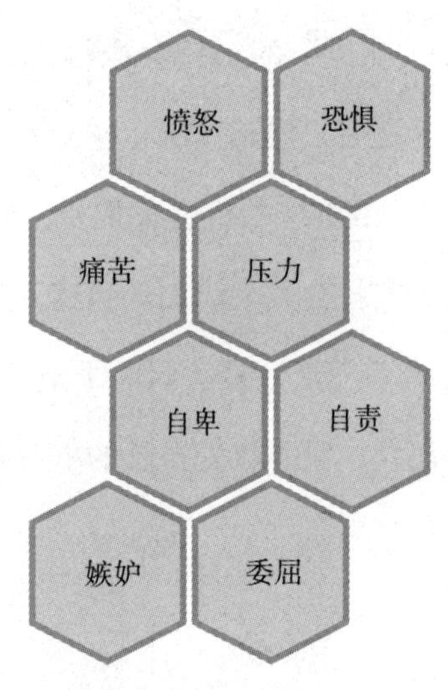

图 6-7　企业经营者需要控制的 8 种负面情绪

（1）愤怒

愤怒是每个人都容易产生的一种负面情绪，一个人经常愤怒是能力不足的体现。例如，经常对下属发火，说明领导能力不足；经常对客户发火，说明销售能力不行。企业经营者一定要管理好自己的愤怒情绪，否则会给自己带来极大的伤害。

（2）恐惧

恐惧情绪的表现有很多，如担心、焦虑、害怕等，不同的是恐惧程度差异。恐惧来源于未知，减少恐惧的最佳方式就是制定计划，事前做足准备。

有些人面对新工作环境、新任务时会很恐惧，害怕做不好。之所以会有这样的心理，是因为这个事情可能有一些风险无法预料。这时我们应该坦然接受，并调动所有资源制定应对方案，将风险降到最低。

（3）痛苦

痛苦是指经常有悲伤、难过、沮丧、孤独之感。产生痛苦的根源是身陷某种困境而无法解决。很多企业经营者沉浸于痛苦之中，大致有两种情况。

一种情况是不愿意摆脱当前的困境。换句话说，就是这份痛苦里有他想要的，以至于甘愿承受这份痛苦。对于这种情况，企业经营者不用刻意回避。

另一种情况是想摆脱而又无法摆脱某种困境。人在陷入某种困境而又无法摆脱时通常会产生恐惧心理，这种情绪很可怕，往往是阻止前进的主要障碍。在这种情况下，企业经营者需要完全打开认知，进行积极的自我暗示。

痛苦有一个很重要的价值，就是指引当事人寻找摆脱困局的方向，同时提醒当事人应该切换状态，改变固有的看法和信念。

（4）压力

压力不同于其他情绪，不能有但也不能完全没有，关键是要控制在合理的范围。压力在企业管理层很常见，而且往往都偏大。当现在有些能力大于解决问题所需的能力时，企业管理层就表现得很自信，反之就会产生压力。压力模式如图 6-8 所示。

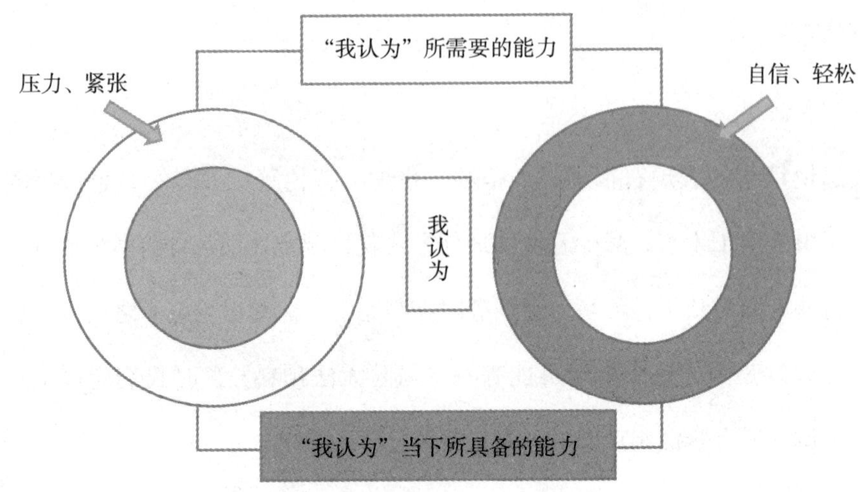

图 6-8　压力模式示意图

白色区域代表完成这件事情，“我认为”所需要的能力，灰色区域是“我认为”当下所具备的能力，两者均受“我认为”调节。这个模式中有一个非常关键的点，即“我认为”。无论是解决问题所需的能力，还是本身具备的能力，很多时候都是当事人自认为的，即受自己的心理影响较大。

很多企业经营者之所以压力大，就是心理压力，即这份压力不是真实存在的，很多时候是自己把自己搞得很紧张。因此，调节压力的主动权完全在自己手中，当压力非常大时，首先要改变对待压力的态度，调整心态，让压力恢复到一个较低值。多动少想，将主要精力放在解决问题上，压力就会小很多。

（5）自卑

自卑多是因自信心不足、自尊心失调造成的，具体表现为对自己的智力和能力估计不足，遇事不敢决断；不敢触及矛盾的焦点，不敢独当一面；生怕被别人讥笑，对自己的意志力缺乏了解。克服自卑感，关键在于要保持心理平衡，客观评价自己，找到自己的优点，建立自信，正常表现自己。

（6）自责

被自责情绪困扰的人，在心理上总是处于不安全、痛苦的猜测状态中。这种不正常的心理反应往往是由于人们对客观环境或他人的主观判断失误，而又没有认识到这种失误所引起的心理上的失控。

某部门上个月的业绩落后于其他部门，总经理在月度会议上明确要求必须尽快赶上。会后，该部门经理深感自责，因为她在这期间曾请过一段时间的病假。从此，她尽管很努力，但由于处处被自责情绪困扰，效果不是很好。例如，每天故意最晚离开公司，见人说得最多的也是“我必须多做些工作，以作弥补”，并且变得非常敏感，误以为所有人都在针对她，继而更加谨言慎行。

以这样处处谨慎、战战兢兢的状态，如何做好工作呢？每个人都想做最好的自己，但总盯着曾经的过错不放，反而会失去自信，甚至觉得自己什么都不如人，进而甘愿安于现状。

（7）嫉妒

对于企业经营者而言，嫉妒也是最容易滋生的一种负面情绪，尤其是企业中人才济济、竞争对手过强，或实力不及下属时，他们会深感前途无望。总之，这种心理是在自己的地位、名誉、权力和业绩不及竞争者时最容易产生的。

嫉妒主要体现在喜欢自我表现，什么都想比别人抢先；凡事以自我为中心，从自身利益出发，对他人缺乏理解与认同；富于攻击性，揽功推过；缺乏自信又惴惴不安，对竞争者虎视眈眈；貌似和蔼亲切，其实冷酷无情，等等。

嫉妒的消极影响远远大于其积极影响。积极影响是可以成为竞争的动力和源泉；消极影响是能带来一定程度的心理紧张和攻击性，往往更容易让人变得偏激，甚至做出违反道德和法律的事情。

那么，企业经营者应该如何化解嫉妒的情绪呢？第一，要树立只有通过自己的努力才能超越竞争对手的正确思想，把不服输落实在行动上，而不要停留在口头上；第二，要有达观、平稳的心态，客观公正地评价所处的环境，审视事态的发展，对自身能力与他人的能力要有比较客观的对比和判断；第三，要理智剖析、认识嫉妒这种情绪的危害，不要困守己见。

（8）委屈

一个人如果经常感到委屈，是心智不成熟的表现，企业经营者更不应该有这种情绪。

企业经营者要正确对待“委屈”，意识到这种情绪是工作中不可避免的。毕竟每天要面对不同的人，处理各种关系，或多或少地受一些委屈实属正常。关键是积极调整心态，优秀的企业经营者本身就要有承受巨大压力的心理，当真正承受住了就不会觉得委屈。受委屈的过程也是自我成长的过程，正所谓“宝剑锋从磨砺出，梅花香自苦寒来”，只有不断磨砺自己，方能担当大任。

另外，有时即使真被冤枉、被误会了，也不要长时间沉浸在委屈的负面情绪中，而是要找到问题的症结所在并积极解决。当问题得到了解决，误会也就能得以消除，委屈自然也就随之消失了。

6.3.3 反思自省力

反思自省是一种自我思考能力，是企业经营者具有赋能领导力的一种重要体现。普通经营者与优秀经营者最明显的一个区别就是反思自省力差。

1980 年，英特尔公司生产的电脑内存不断遭到日本企业的挑战，市场份额不断被挤压，受到巨大的损失。为此，英特尔公司高层想了很多应对方法，经过深刻反思后决定不再做内存，而是集中所有优势研发芯片，最终成为全球最大的芯片生产商，利润也增长了 100 倍。

反思自省不仅发生在事后，事前、事中也需要反思自省，所以又叫三级反思，具体如图 6-9 所示。

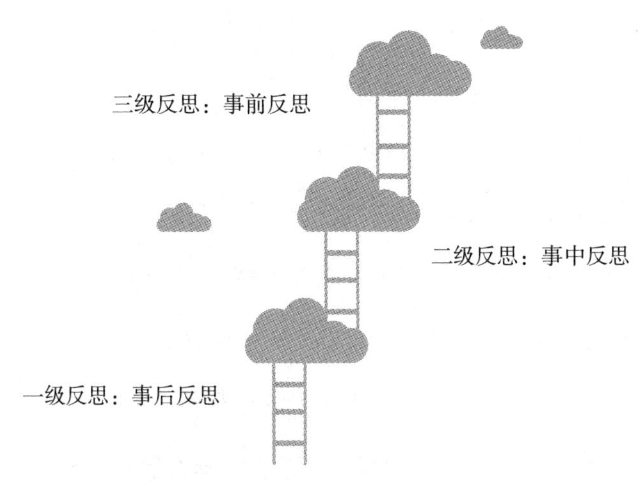

图 6-9　反思自省力的三个级别

优秀经营者对自己的要求往往比他人高，每做完一个决策、完成一个项目都会不断反思。这就属于事后反思，是反思自省最基本的工作。

接下来是二级反思，即事中反思，经营者需要站在一定的高度，养成扪心自问的习惯。正如稻盛和夫所说："不知不觉中，我已经养成了一种经常扪心自问的习惯：这样行吗？还有没有更好的办法？"事中反思由于正处在事情的发展过程中，因此更容易发现问题、针对问题找到解决办法。

三级反思是事前反思，由于发生在事前，也叫预演失败，具体是指经营者在一个决策、项目实施之前就要预想到失败的情形并提出妥善的解决方案。因为有些决策或项目如果等失败后再做补救就没有任何意义，结果已经发生，而且往往是不可逆转的。

6.3.4 深度思考力

深度思考是指在想一些事情时不要只停留在事情的表面，而是要深入本质。这是最考验企业经营者实力的时候，也是优秀的企业经营者必须具备的一项能力。

简而言之，深度思考就是系统思考、整合思考。任何事物都不是孤立存在的，系统思考是指在思考问题时要兼顾全局，用全面、动态的眼光看待。这就要求企业经营者不能像普通员工那样只看眼前的、只针对某一个问题，而要站在更高、更大的视角思考当下，将问题置于与之相关联的体系中。

三个石匠同时为教堂雕刻石头，但他们对这项工作的想法大不一样。

第一个石匠认为："我在打石头，在养家糊口。"

第二个石匠认为："我在做全国最好的石匠活儿。"

第三个石匠认为："我在建造一座伟大的教堂。"

那么，哪个石匠会最令人满意呢？从系统、整合思考的角度看，第三个石匠会最令人满意，第二个石匠最差。

第三个石匠说"我在建造一座伟大的教堂"，说明他有系统思考的能力，能将自己所做的事情置于整体中思考。毕竟建一座教堂不是单靠一个石匠就能完成的，还需要其他人的配合。对此，该石匠很清楚自己所做的无非是其中的一部分，雕刻的每块石头必须符合教堂建设的整体要求。

相反，第二个石匠最令人担心，他认为自己在做"全国最好的石匠活儿"，完全是基于自身利益考虑的。也就是说，他雕刻出来的石头可能让自己很满意，但因缺乏对整体的思考而与需求不符，不是教堂建设所需要的。

至于第一个石匠则不用担心。对照企业中的员工，其实绝大部分都属于这一类。这部分人虽然不是最优秀的，但不至于成为最令人担心的。只要将他们管理、引导好，就可以按部就班地完成任务。

因此，经营者要多考虑企业和团队的整体利益，不能只单独考虑某个局部。离开整体，局部做得再好也没有意义。

6.3.5　接受失败力

凡是成大事者，成功之前往往都会经历无数次失败。换句话说，要想成功，必须具有接受失败的能力，并勇于从失败中走出来。没有失败，就没有成功。从这个角度看，企业经营者必须敢于面对失败，勇于接受失败。

企业经营者提高接受失败的能力，可以从以下两个方面入手。

（1）改变对失败的态度

人的潜意识里都会规避失败。心理学上有一个“损失规避”效应，讲的是当面对两个选择时，大部分人会选择损失较小的那个。例如，在面对多挣 100 元和少输 100 元的抉择时，大部分人会选择后者。因为大部分人的想法是先不让自己损失，而不是多挣。因为多挣 100 元可能会挣不到，而保守地留住手中的 100 元则没有这些风险。

每个人都会经历失败，没有失败就意味着没有过尝试，没有过冒险。始终将自己放在一个极度安全的状态下，将永远不会有太大的突破。越成功的人，越能接受失败，而且能不断从失败中总结经验。任正非就犯过很多错误，但他每犯一次错误都会深刻地总结。同时，他也很重视下属接受失败的能力，正如他说，“对既没有犯过错误，又没有改进的干部可以就地免职”。

管理企业原本就有很多不确定性，经营者作为企业的“领头羊”，必须学会拥抱各种不确定性，敢于面对各种危机。

（2）完善应对失败的机制

完善应对失败的机制包括 3 个步骤，如图 6-10 所示。

步骤1　及早发现失败

步骤2　鼓励报告失败

步骤3　深入分析失败

图 6-10　完善应对失败机制的 3 个步骤

①及早发现失败

人们无法承受的往往是巨大的、无法挽回的失败，这种失败不是一下形成的，而是由小失败一点点积累起来的。所以，防止大失败的有效措施就是及早发现小失败，在失败刚刚产生的那一刻就将其扼杀掉。

管理学中有一个走动式管理，这是发现小失败的最佳方式。亚马逊创始人杰夫·贝佐斯经常到一线视察，例如，看客服、物流、发货等工作的进展情况，目的就是防患于未然，杜绝问题从底层滋生。大企业长期存在这样一个问题：管理人员全坐在办公室里，没有下基层的习惯，这样与一线员工的距离就远了，无法发现问题，而这些问题很可能就是失败的导火索。

②鼓励报告失败

失败不可怕，可怕的是将它掩盖起来。掩盖起来的问题不但得不到解决，还会越来越严重。所以，发现失败一定要报告。企业中有些高层好大喜功，只爱听业绩，不愿意听问题，久而久之就“没有问题”，但“没有问题”恰恰是最大的问题。

董明珠接手格力公司时，发现格力公司的内部管理一团糟，流程混乱、效率低下，最严重的是基层管理者隐瞒不报。有如此多问题，还想生产好产品、服务好消费者，无异于痴人说梦。她上任的第一年便做了一件震动全公司的事，即鼓励报告失败，把工作中遇到的问题全部摆到台面上，让大家共同解决。

③深入分析失败

面对失败，经营者要善于分析造成失败的原因，千万不要无休止地追责。追责是着眼于谁干的、应该负什么责任，而分析失败是着眼于解决问题，重在发现问题，提出解决方案。

优秀的经营者必须有针对失败提出解决方案的能力，这也是衡量接受失败力大小的重要标准之一。解决问题的终极之道是从“谁干的”向“为什么会发生，如何解决”转变。

6.3.6　正确决策力

决策力是做出某项决策的能力。对于企业经营者而言，这项能力很重要。优秀的企业经营者在决策时，首先必须多了解、多与下属沟通、多提问，然后针对问题进行分析，最后做出完美的决策。大多数人看到的是问题的表面，决策力强的人看到的是问题的本质。分析问题有三个层次，又叫彼得·圣吉的“三种分析层次”，如图 6-11 所示。

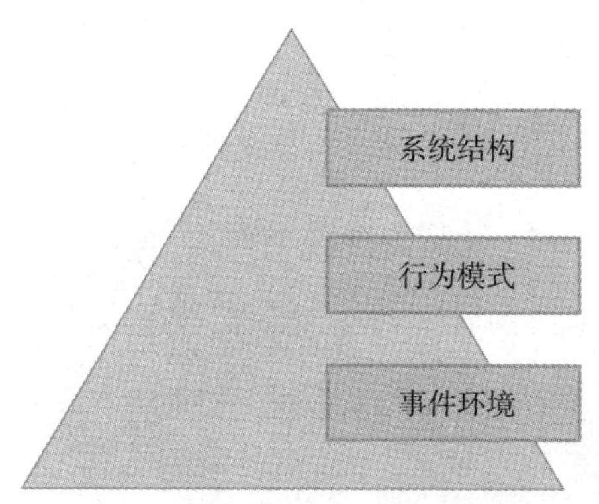

图 6-11　彼得·圣吉的“三种分析层次”

事件环境、行为模式、系统结构是从低到高依次递进的。正确的决策逻辑是先进行事件环境层面的分析，然后进行行为模式层面的分析，最后深入系统结构层面。然而，有很多企业经营者只停留在事件环境层面，或者浅尝辄止地进入行为模式层面，这是不够的。真正的决策要能够看到系统结构层面的问题，如权力结构、治理结构、价值观等。

例如，一个门店的投诉率特别高。针对这个问题，事件环境层面的分析是服务人员自身的问题，没有令顾客满意；行为模式层面的分析是服务人员问题频出，原因是工资太低；其深层次原因是系统结构层面的问题：服务人员的工资低。为什么这么长时间没有人解决呢？根源是总部的权力过大，门店没有决定权，而向上申报又程序烦琐，部门经理也不愿意申请。

分析到这，这件事情的来龙去脉就很清晰了，服务投诉率高的直接原因是服务人员工资低、工作的积极性不高；反映的深层问题是总部的权力过大，部分工作流程不简明；解决方式是高层要放权，对上报流程进行简化改革。

企业经营者做决策要看到问题的本质，多问几个为什么，多思考，多分析。只要思考和分析做到位，问题的本质就会慢慢地浮出水面。

6.3.7 沟通影响力

沟通影响力不同于沟通力。沟通力是单纯的沟通行为，而沟通影响力是通过沟通这个行为影响上级、下级、平级和客户的能力。

企业经营者必须具有沟通影响力。那么，如何提升沟通影响力呢？最重要的是分清沟通对象，与不同身份的人沟通，要采用不同的沟通方法。

（1）与下级沟通

与下级沟通，关键要营造沟通氛围，让下级的心完全打开，从而找到他们的顾虑与想法。否则，下级表面被说服了，其实内心各种想不通，带着不满和疑惑再去做事情，执行力势必会不强，最终导致工作结果达不到预期。

（2）与平级沟通

平级之间的沟通不需要营造太多氛围，而是明确表达自己的想法，直接向对方说明此番沟通的目的。例如，想要对方协作完成某件工作就直接说出来，对方知道你的需求是什么，就会很快把结果反馈给你。

很多时候，平级之间沟通的效果很差，就是因为大多数人在沟通时遮遮掩掩，有事情不明说，而是希望对方“悟”。这种沟通方式表面上客客气气，实则掩盖了真实需求。同级之间沟通就是直接提要求，提完要求后力争达成共识。

（3）与上级沟通

与上级沟通要有技巧。因为与上级沟通相当于汇报工作，该讲什么、不讲什么、如何讲都必须要有明确的计划。与上级沟通，一般要讲 5 方面的内容，分别为进度、结果、问题、动议、需求。

进度即工作进展到哪个阶段。结果即针对当前所处的阶段取得了哪些成果。问题即遇到了什么问题，原因是什么，这个问题对结果有什么影响。动议即行动建议，针对问题有哪些解决方案。需求即完成这项工作需要什么援助，是人、财物还是技术，都要明确地提出来。

（4）与客户沟通

对于企业经营者而言，还有一类沟通技巧是必须掌握的，那就是与客户沟通。与客户沟通可以采用“3+1”赞美法，其中的“3”是指三个维度，“1”是指一个特殊的句法，如图 6-12 所示。

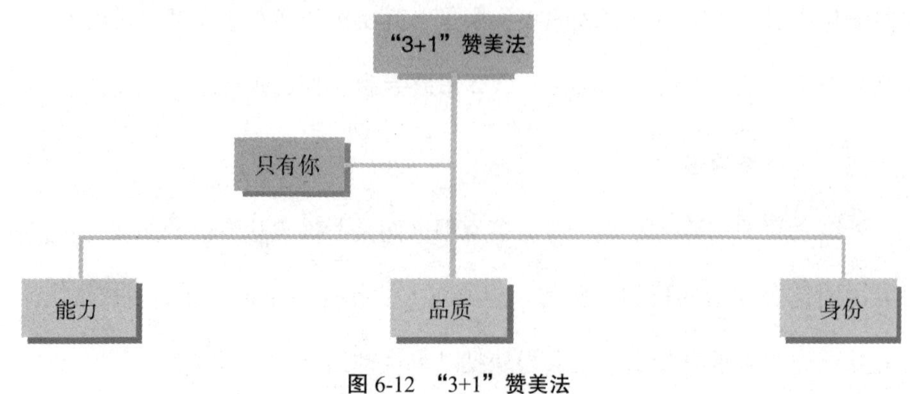

图 6-12 "3+1"赞美法

"3+1"赞美法要求赞美一个人时要从能力、品质、身份 3 个维度逐步进行。

第一个维度是赞美能力，但不是直接夸赞对方有多强，而是要有参照、有对比地赞美。这样更有说服力，不会显得空洞无物。

第二个维度是赞美品质。由于品质往往是比较虚无缈缥的东西，因而赞美品质只用语言是不够的，还需要辅以肢体动作，多观察对方的心理，发自内心地感知、感受。

第三个维度是赞美身份，这是最高层次的赞美。例如，"您作为德高望重的老师，如今是桃李满天下""通过这件事，我能明显地感觉到您是一位很细心的设计师"等，这类赞美性的话隐含着对被赞美者身份的认可。

一个特殊的句法是"只有你"，经常对客户说这句话会收获意想不到的效果。赞美的最高境界是让对方感到自己"独一无二"，而"只有你"可以大大满足对方的这种心理。

6.3.8 团队激励力

团队激励力也是衡量经营者是否具有赋能领导力的重要标准之一。激励工作做得好，可以充分调动员工的工作积极性。因此，企业经营者必须具备超强的团队激励力。

那么，如何提升这项能力呢？这就需要建立激励矩阵，综合运用各种激励手段。常见的激励矩阵如图 6-13 所示。

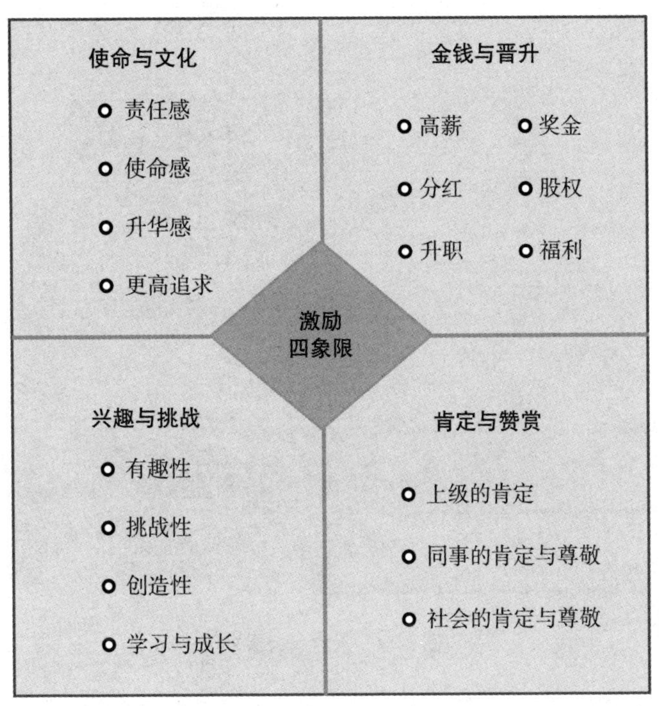

图 6-13 激励四象限示意图

图 6-13 所示的激励矩阵又叫激励四象限，在具体运用时需要特别注意两点。

（1）综合运用多种手段

激励四象限包括四种激励手段，企业经营者在具体运用时要避免单一地用某一种。尤其第一象限的金钱与晋升激励，很多人对这个手段运用得比较多，认为用钱、权等物质层面的激励最有效。其实，物质激励只是激励中的一个维度，而且层次较低。完整的激励还需要精神层面的激励，如肯定与赞赏、兴趣与挑战、使命与文化等，而且激励作用更稳定、更持久。

（2）与被激励者的需求充分结合

激励一个人，先要搞明白对方的需求。对于没有需求的人，任何激励都是无效的。哈佛商学院的一项研究发现，人有6大需求，具体如图6-14所示。

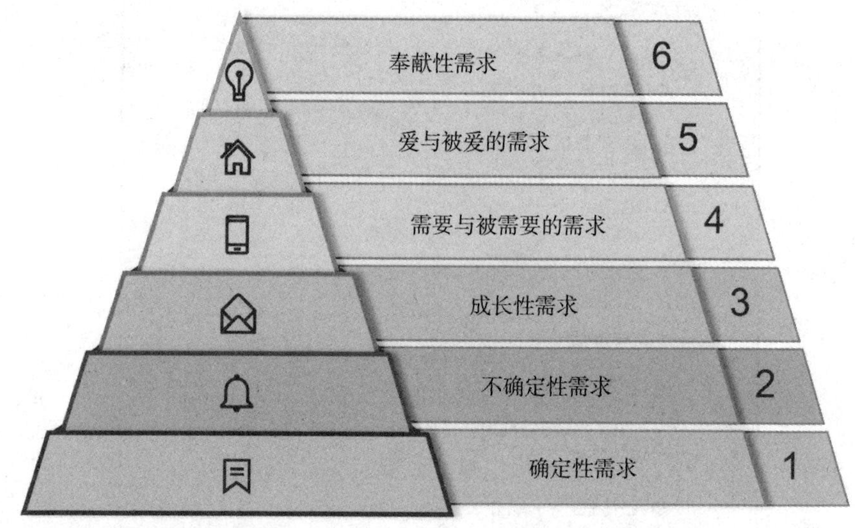

图6-14　人的6大需求

①确定性需求

确定性需求即人最底层、最基本的需求，往往是指那些已确定的、可预知的、能维持自身生存的需求，如吃、穿、住、用、行等。只有这些较低的需求被满足后，人们才会追求较高层次的需求。企业中有这方面需求的人最多，只不过有些人的需求强烈，有些人的需求比较弱。对确定性需求较强的人喜欢安静，追求稳定，不喜欢变化，比较适合从事稳定性较强、挑战性较小的工作。

②不确定性需求

与确定性需求相对的是不确定性需求。拥有这部分需求的人，其最大的特征就是稳定性差。当然，这种不确定只是说明喜欢富有挑战的工作，喜欢工作方式、工作环境时常变化。例如，销售人员的不确定需求就比较高。

③成长性需求

成长性需求反映的是员工在工作中的主动性。这种人有很强的自我成长需求，总是希望自己不断变强、变好。一部分人离职，最主要的原因就是成长性需求得不到满足。

④需要与被需要的需求

有需要与被需要这种需求的人渴望被认同，希望自己的价值处处得到体现，这是对自我价值的一种肯定。

⑤爱与被爱的需求

爱与被爱是很重要的一种情感需求，体现在职场中，核心是支持和关注。也就是说，拥有这类需求的人希望得到他人的支持和关注，同时也会以实际行动给予他人足够的支持和关注。

⑥奉献性需求

奉献性需求是一种最高层次的需求，旨在追求自我价值的实现。这种高层次的需求会随着激励强度的增大而不断放大，被激励得越多，奉献的欲望越强烈。

奉献性需求与职位、收入没有直接关系，有些人就很乐于奉献。他为别人做一件事情，得到的成就感比拿到更多的钱更快乐。

在明确了人的 6 种需求后，企业经营者便可以针对需求进行激励。

第一，针对有确定性、不确定性、成长性需求的人，采用第一象限的激励方式，以金钱与晋升激励为主。有确定性需求的人更看重收入，高工资、高奖金、高福利足以留住这类人；有不确定需求的人比较看重分红、股权，因为这部分人希望有巨大的弹性收入；成长性需求强的人对晋升感兴趣，对这类人应给予相匹配的职位、职权。

第二，对于有需要与被需要、爱与被爱需求的人，通常采用第二象限的激励方式对其进行肯定与赞赏等。这对企业经营者的口语表达能力要求较高，毕竟肯定与赞赏都需要通过语言实现，否则就会适得其反。

某厂的工作小组在每次业绩考核时都名列前茅，但这些业绩基本是由小组中3位工人（张某、王某、李某）完成的。除了这3人表现特别突出以外，其他人都业绩平平。

厂长在视察时给予团队高度的表扬，可能是为了照顾大家的情绪，他说："大家的工作都做得很好，希望继续保持努力！"这样的说辞的确照顾到了所有人的情绪，但没有突出业绩特别好的3人，无意中就打消了他们的积极性。

如果换一种说法："你们这个小组的成绩非常不错！特别是张某、王某、李某3位同志，工作效率尤其高，单位小时件数达到了 × 件，成绩很出色。其他人还要继续努力，向他们学习。"这样既照顾了全局，又突出了重点，效果更好。

第三，对成长性需求较高的人除了采用第一象限的激励方式，还可以采用第三象限兴趣与挑战激励。例如，竞争激励、小目标激励，甚至可以直接增加工作难度、丰富工作形式等。因为这类人喜欢有挑战性的工作，他们会视挑战为乐，而不是苦。工作越有挑战性，越能激起他们的工作积极性。

最后一个象限是使命与文化激励。这种激励要求被激励者有责任感、使命感，多适合有爱与被爱、需要与被需要及奉献性需求的人。

总之，激励方式不能固化，而要因人而异，先分析需求偏好、明确需求类型，然后制定相应的激励方式。被激励者的需求不同，采用的激励方法也不同。

第 7 章

破局盈利五步法在三大业态中的应用

在不同的业态中，破局盈利五步法的应用重点不同，这是因为不同的业态有不同的关键成功因素（Critical Success Factor，CSF）。所以，破局盈利五步法在不同的业态中具体运用时需要根据 CSF 做相应的调整。

7.1　破局盈利五步法在大消费电商中的应用

大消费电商是电商企业中体量最大的一种，尤其是“互联网 +”浪潮引起了大消费电商发展的新高潮。在各类企业纷纷变革的同时，大消费电商也紧跟趋势。

（1）增长战略

绝大多数中小电商都集中在大消费领域，而大消费电商的 CSF 是产品定位。定位明确的产品是十分有竞争力的，往往可以为企业带来充裕的现金流和持续盈利的能力。因此，如何对产品进行定位，成为大消费电商经营管理的重中之重。

①定赛道

无论是红海赛道，还是蓝海赛道，都会对企业增长造成巨大的影响。红海赛道的好处是体量大、客户增长快、企业比较容易上规模；坏处是同行中巨头企业较多，竞争激烈，中小企业想在红海赛道获得机会是很难的。蓝海赛道的好处是竞争小，但问题也显而易见，例如，市场规模太小不利于企业的发展。一般来讲，一个行业的市场规模小于 10 亿元，企业就很难实现规模化发展。

综合对比可知，选择介于红海赛道和蓝海赛道之间的浅蓝赛道是最理想的，市场规模通常在 50 亿 ~ 500 亿元。

确定比较理想的浅蓝赛道后，并不意味着企业就可以确定进军的领域，这只是赛道选择的第一步；第二步是看赛道的复合增速，即当市场规模在 50 亿 ~ 500 亿元时，还要筛选出复合增速相对较高的赛道，复合增速通常在 10% ~ 20% 的赛道最理想；第三步是看竞争格局，即考虑该赛道是否存在巨头企业，占比是否集中。在巨头企业高度集中的赛道，中小企业将难以生存。

所以，定赛道时一定要选择行业集中度（Concentration Ratio）较低的赛道。衡量行业集中度高低的标准为行业集中率，即 CRn。具体而言，CR5 低于 60%，即行业前 5 综合体量占比超过整个赛道的 60%，则属于高集中度赛道。

② 选品

确定赛道后，接下来就是选品。选品的基本思路是差异化。任何企业的目标受众都不可能覆盖所有人，尤其中小企业的受众通常很窄，经营者必须清楚自己的目标受众是哪些，然后根据目标受众的需求进行选品。

选品方法通常有两种。一种是前向选品，这是完全以市场为导向的方法，即通过研究竞品的价格、功效、价值、渠道等进行差异化选品。另一种是后向选品，这是基于企业已有的供应链、原料、工厂等优势反向操作，进行选品的方法。

需要注意的是在实际应用中，以上两种方法不是绝对割裂的，它体现在企业不同的发展阶段。前期多用前向选品，进入成熟阶段后由于必须深耕某一细分类目而走精品化路线或自主品牌路线，更强调研发和后端供应链的重要性，多以后向选品为主。

（2）高效执行

大消费电商的战略执行体现在发展到一定规模后。处于该阶段的企业通常都会设置多个事业部或业务团队，而各个事业部或业务团队又是高度自治的，有各自的经营思路及策略，很容易出现各自为政的情况。

例如，不少电商企业运用阿米巴小组承包制，在短时间内确实实现了野蛮增长，但也为后面的发展埋下了隐患。这些隐患一旦处理不好，就会引发企业内部动荡。所以，在执行端，战略的统一成了关键，企业要适当进行控制，避免过度自治，让执行回归到集中制轨道上来。

（3）组织增长

大消费电商实现组织增长的重要举措是建立一个包括品牌中心、人才中心、产品中心、数据中心的强大的赋能式平台，通过这个平台既可以为各业务单元提供业务支撑、数据支持和人才输送，也可以实现总部对各业务单元的管控和督导。这种模式就是所谓的强中台、大前台，是电商企业在竞争中取胜的最大保障和关键。

（4）挖掘人才

大消费电商之间竞争异常激烈，市场竞争的多变和恶化导致大多数中小企业很难有一套适合自身发展的人才培养体系。为了应对这种不足，企业应该打造人才训战管理系统。也就是仗怎么打，兵就怎么练，让人才在实战中得到锻炼。

例如，华为始终坚持“从实践中来，到实践中去”，形成了一套完整的人才培养体系，通过这套体系培养了一大批干部和骨干员工。

（5）赋能领导力

大消费电商中大多数员工比较年轻。据统计，年龄在 25 ~ 30 岁。因此，在管理方式上要有创新、更开放，在管理制度上要更人性化，给予员工更多的尊重。

同时，由于这个年龄层次的员工更容易被激励，经营者要改变自己的领导方式，坚持赋能输出和多重激励，让他们树立更明确的目标，在工作中更好地发挥自己的才智。

7.2　破局盈利五步法在服务型门店中的应用

服务型门店是指以线下门店为主的服务型企业，这类企业的增长困局是无法实现线上线下最大限度的联动。随着线上市场进一步扩大，线上获客成为企业获客的主要方式。相应地，线下获客能力也就越来越弱，成本越来越高。

（1）增长战略

对于服务型门店而言，获客问题得不到解决，就无法找到正确的盈利模式。因此，这类企业的 CSF 就是制定正确的线上营销策略，聚焦如何获取线上流量。

正确的做法是通过优质的服务，配合高性价比的产品，用流量型产品获得客户，用盈利型产品锁住客户，形成稳定、有效的闭环服务能力。

需要注意的是有很多中小企业在制定营销策略上过于注重社交和娱乐，完全脱离了产品本身，这是片面的。之所以出现这样的问题，追根究底还是产品缺乏供应链上的优势。

因此，服务型门店要转变以往单纯追求高毛利的经营思路，踏踏实实打造供应链，提升产品供应能力和效率，实现毛利率和净利率的双重发展。只有这样，才能够真正实现线上线下的双线增长。

（2）高效执行

服务型门店在执行上要注重复盘，目的就是不断优化业务流程、管理流程。因为对于服务型门店而言，赢就赢在高效的流程上，迭代速度、客户响应速度、各部门的协同效率都取决于流程是否合理、流畅。

（3）组织增长

组织增长是企业发展的核心追求，人效、坪效是衡量服务型门店组织增长程度的两大关键指标。例如，正是极致的人效、坪效造就了正新鸡排、蜜雪冰城等。而实现这两大关键指标的背后逻辑是黄金原点。

打造黄金原点是服务型门店进行组织创新的必要步骤。需要注意，黄金原点不是一成不变的，服务型门店应根据市需求场、产品迭代、服务类型对黄金原点进行升级。

（4）挖掘人才

服务型门店最重要的资源是人，而且只依靠外部招聘是远远不够的，还要自身具有超强的挖掘人才的能力。

当然，这里的“人”不仅仅指单独的几个人才，或一支高水平、高标准的团队，还需要拥有一套完善的人才培养和管理制度、流程、标准。这也成为很多中小服务型门店面临的一大难题。

（5）赋能领导力

企业要想员工对客户好，首先领导要对员工好。从这个角度看，领导者恰恰是企业最大的“服务员”，服务的对象不仅有客户，还有团队和员工。

店长要服务所有店员，区域经理要服务所有店长，企业高层要服务所有经理。传、帮、带是一种企业文化，要在企业内部形成浓厚的氛围。因此，对于服务型门店而言，提升领导者的传、帮、带意识和能力是完成赋能的关键。

7.3　破局盈利五步法在制造企业中的应用

与大消费电商、服务型门店不同，制造企业由于涉及的业务面广，前期投入多，在对破局盈利五步法的应用上难度更大。

（1）增长战略

制造企业的 CSF 是打造高价值链。而高价值链的打造涉及多个层面，包括狠抓客户质量、迭代升级产品及优化投资策略等。

①狠抓客户质量

客户质量是打造高价值链的最重要因素之一，客户质量低下或大量流失都会造成价值链断裂。所以，对客户的选择非常关键。

选择客户首先看其付费能力，不但要看当下，还要看未来 3 年是否有较强的持续性付费能力。客户的持续性付费很重要，单次付费不要求特别多，但一定要有持续性。

② 迭代升级产品

对产品进行迭代升级需要着重研究产品生命周期。一般来讲，制造企业在产品前一轮生命周期达到峰值时就要对新的周期进行布局。根据不同的产品生命周期打造产品的迭代良性循环，这是制造企业增长战略的核心。

③ 优化投资策略

制造业高价值链的打造还与企业的投资策略有关。投资的项目好，价值就相对高一些，反之就会低。

有些低价值项目的投资金额可能不是很大，短期内对企业也有一定的好处。但由于本质上是低价值的，一旦投资占住了资金，还会影响总投资的进度。因此，制造企业尽量不要投资低价值的项目。

（2）高效执行

制造企业在执行上非常依赖数字化和智能化。当前，5G、AI、物联网、云计算和大数据等新一代信息技术作为制造业的新一轮核心科技正在全球范围加速推进。我国制造业的数字化和智能化转型都进入了高速发展阶段，向数字化、智能化转型也是大势所趋。

相关机构的调查数据显示，我国大多数制造企业都开始了数字化转型步伐，建设智慧工厂。然而，制造企业在转型过程中也面临着一系列问题，最大的问题是经营者对数字化的认知不高、转型方向不明确。

制造企业数字化转型是全方位的，包括商业模式、服务模式、研发模式、运营模式、制造模式和决策模式。然而，绝大部分中小企业只集中于制造模式的转型或设备的自动化改造、设备联网、MES 系统实施等方面，对新技术的应用及其他几个方面均在探索和缓慢推进阶段。

（3）组织增长

互联网以全新的方式颠覆了制造业的方方面面，包括组织增长形式。制造业未来的组织增长形式必须突破传统模式，对外能够应对复杂多变的环境并快速做出反应，对内又能够持续激发员工的内在动力并在工作中持续赋能。

制造企业经常使用的组织增长形式是整合式增长，对产业链上下游的高价值环节进行整合。例如，业务的稳定性对于制造企业非常重要。为了打造一条稳定的业务链，制造企业向上可以整合供应链原料厂，向下可以整合目标客户的生态系统，如小米供应链、阿里生态圈等。

（4）挖掘人才

制造企业实现增长离不开高精尖人才，尤其是一些关键的核心岗位，如技术岗、研发岗。其实远不止如此，从设计、研发到生产等多个环节要想在产品前端优于同行，必须具有相应的人才。

人才是重中之重，高素质的人才代表了企业生产的高水平。因此，制造企业要建立一套科学有效、适应市场的人才培养标准和机制，以更好地提升员工的专业能力，让他们能更高效地为企业服务。

（5）赋能领导力

赋能领导力是时代对企业经营者提出的新要求。制造企业也同样如此，必须轻管控、重赋能。这就意味着经营者不能再用工业化时代的管控思维开展业务、带领团队，而是必须探索一条与赋能管理相匹配的、能够适应互联网时代扁平化管理的道路。

赋能领导力有 5 个关键词，分别为成长、授权、成就、思路和迭代。“成长”要求多关注员工的成长，将团队状态和组织能力当作大事来抓；“授权”要求给精英员工足够的权利，让他们在工作中成长并乐享其中；“成就”是帮助下属成长，让他们在工作中获得成就感，成为企业向前发展的真正推动者；“思路”是帮助员工掌握工作方法和技巧，让员工工作更高效；“迭代”是保持组织架构的敏捷性，实现领导者与员工在迭代中共同成长。